Keskeneräisiä kaupunkeja

JUHA MEIRNO

Keskeneräisiä kaupunkeja

Matkakertomus

© 2024 Juha Meirno
Kustantaja: BoD · Books on Demand, Helsinki, Suomi
Valmistaja: Libri Plureos GmbH, Hampuri, Saksa
ISBN: 978-952-80-8249-1

SISÄLLYS

Jos tuntee kaupungeista yhden, tuntee ne kaikki, niin täydelleen samanlaisia ne ovat maastosta aiheutuvia eroja lukuun ottamatta. Kuvailen nyt siis yhtä niistä, samantekevää mitä.

– *Thomas More: Utopia*

VALOVERO

Kaupunki näyttää rauniolta. Talot kurkkivat ujosti penkereen takaa. Näen arkailevat päälaet, ruosteiset peltikatot ja vinot antennit. Savupiipuissa on lohkeamia, joita vuodenajat niihin ovat hakanneet. Riika on tumma ja harmaa kuin kommunismin musta mönjä olisi imeytynyt taivaalta kaupungin kaikkiin huokosiin. Tönöpahaset anelevat apua ikkunat ja ovet selällään, toivovat lempeitä tuulia ja vetoapua uudelta aikakaudelta. Odotellaan että saataisiin rinkkamme bussin tavaratilasta, ja katsellaan kun väki asettelee kantamuksia selkäänsä, oikoo olkapäähihnojaan. Samaan aikaan aukion reunalla sotkuiset koirat työntävät turpansa törkyisen kaupunginkanavan ruskeaan veteen. Tuuli heiluttelee roskia ympärillämme, ja Autoosta näyttää sateen pöyhimältä kaatopaikalta.

Kaupunginkanavan toisella puolen kohoaa ryhdikäs rivistö jykeviä kaarikattoisia kauppahalleja, joihin paapuskat kantavat hedelmiä ja salaatteja. Toripäivän valmistelut ovat meneillään. Hallien edessä betonisella kanaalilaiturilla seisoo ruosteisia aaltopellillä paikkailtuja koppeja ja katoksia. Niiden edessä lojuu myyjien pahvilaatikoita ja muovikasseja. Seinämiin on maalattu graffiteja.

Suunnataan Riian ihmisvilinään. Ilmassa leijuu kitkerä pakokaasu ja autojen kuumasta tienpinnasta nostattama pöly. Paapuskat seisovat ilmeettöminä jalkakäytävällä betonisen rautatiesillan alla, kauppaavat huiveja, paitoja ja mekkoja.

Marijas ielalla, keskustan levottomalla pääväylällä, autot pujahtelevat toistensa lomitse, kasaantuvat jonoiksi. Vaelletaan rakennustyömaan reunaa, väistellään ilmeettömiä kaupunkilaisia. Nahkatakkimies kävelee tielle kaljapullo kädessään, vinkkaa taksin liikennevaloista, kiskaisee oven auki ja hyppää sisään. Tähyillään väylän toiselle puolen, mutta suojateitä ei näy missään. Kun kahden kaistan autot jumittuvat ruuhkaan, pujahdetaan niiden lomitse ruohoa kasvavalle liikenteenjakajalle, kahdeksankaistaisen tien keskelle. Huomataan kaksi rinkkaselkäistä nuorta naista, jotka ottavat muutaman juoksuaskeleen meitä kohti, pujottelevat seisovien autojen läpi luoksemme. Ehkä he ovat seuranneet meitä Autoostalta saakka, taisivat olla samassa bussissa.

Nyt he tervehtivät meitä iloisesti. Pienempi kysyy leveällä amerikanenglannilla mihin olemme menossa. Naisella on selässään valtava rinkka ja mahan puolella reppu, jonka päälle hän nostaa kätensä lepäämään. Pitkänhuiskea pisamakasvoinen ystävä myhäilee taustalla.

Käy ilmi, että meillä on sama päämäärä, Saulite-hotelli. Naiset kertovat olevansa New Yorkista ja Euroopan-kiertueella, tulossa Tallinnasta. On omituista tavata siinä heinää kasvavalla liikenteenjakajalla autojen keskellä, mutta ollaan kaikki tyytyväisiä, kun saadaan toisistamme tukea tässä tuntemattomassa kaupungissa.

Mietitään seuraavaa siirtoa. Pitkä nainen sanoo, että heillä on hyvä kartta ja alkaa kiskoa sitä rinkastaan. Kun he levittävät karttaa auki, huomataan kuitenkin Urdan kanssa vilkkaan risteyksen takana kivitalo, jossa komeilee Sauliten kyltti.

Kun autot pysähtyvät liikennevaloihin ja juuttuvat ruuhkaksi, loikataan asvaltille, pujotellaan vanhojen kulkupelien välistä läpi Marijas ielan kaistojen. Vilkaisen taakseni ja näen kaikkien seuraavan. Newyorkilaiset tulevat Urdan perässä. Pienemmästä ei paljon näy, mutta tupakan savukiehkura paljastaa sijainnin. Saulite on perinteinen neuvostokauden hotelli jämäkässä kivitalossa. Aulassa jenkit päästävät meidät keskustelemaan vastaanoton kiharapäisen paapuskan kanssa. Ollaan melkein kotikentällä. Helsinkiin on vain nelisensataa kilometriä, joten koetaan velvollisuudeksemme auttaa jenkkejä sisäänkirjautumisessa. Melko pian huomaamme, ettemme saa selvää edes omasta huonevarauksestamme. Englantia respan nainen ei ymmärrä, eivätkä kehnot käsimerkkimme auta. Ärtynyt paapuska ei lopulta enää edes vaivaudu yrittämään. Olemme varmoja, ettei hotellivarausta ole lainkaan, vaikka luulimme sellaisen puhelimitse tehneemme.

Newyorkilaiset ovat seuranneet touhuamme. Tilanteen ajauduttua umpikujaan pitkä jenkki astuu tiskin ääreen. Hämmästymme kun sujuva venäjä alkaa soljua hänen huuliltaan. Respan nainen herää eloon, otsan rypyt oikenevat.

"Kahdeksan latin hintainen huone vapautuu teille puolen tunnin kuluttua", pitkä sanoo kääntyen puoleemme. "Voitte jättää rinkkanne respaan siksi aikaa."

Päivystäjän suu käy ja kädet heiluvat. Puhetulvalle ei näytä tulevan loppua. Lyhyempi naisista vilkaisee meitä ja nyökkää kaverinsa suuntaan. "Hän on venäläistä sukua."

2.

Huoneemme on hyppy menneisyyteen. Vuosikymmeniä vanhat tapetit tuoksuvat lukemattomille poltetuille savukkeille. Pöydällä lojuu tuhkakuppi ja mustavalkoinen kuvaputkitelevisio. Kotimaassa tällainen huone olisi museossa.

Riian kesä on kuuma, joten avaan ikkunan. Pakokaasun löyhkä pelmahtaa sisään saman tien. Merķeļa ielan toisella puolella, arvotalokorttelin kulmauksessa, loistaa McDonald'sin keltainen logo. Etäämpänä vilkkaan Marijas ielan takana kohoaa neuvostokautisen rautatieaseman betoninen kellotorni. Maailmat kohtaavat.

Meitä on varoitettu paikallisesta vesijohtovedestä, joten hankitaan juomavetemme lähikaupasta. Etsitään tuloksetta sateenvarjoa. Myyjät eivät suostu nurisematta ottamaan vastaan kolikkojamme ja seteleitämme, vaikka niitä nöyrästi tarjoamme. Alkuhämmennyksen jälkeen tajutaan, että raha on laskettava myyntipöydillä lojuviin maksukuppeihin.

Matkapäivä on ollut hiostava, joten hotelliin palattuamme kaivetaan pyyhkeet esiin ja etsitään suihku. Pesuhuoneessa meidät pysäyttää paapuska, jonka kädet alkavat heilua villisti. Hän huiskii meidät takaisin käytävälle ja möykkää venäjäksi. Vedellä on vartijansa.

Vetäydytään huoneeseemme pohtimaan uutta strategiaa. Urda sieppaa taas pyyhkeen olalle, pesuaineen käteensä ja yrittää uudelleen. Eikä siinä kauan mene, kun hän palaa hämmentyneenä. Paapuska oli taas aloittanut mekastamisen, eikä neuvotteleminen sujunut. Länsi ja itä kohtaavat nyt pesuhuoneessa, ja keskinäinen ymmärrys on vähissä. Pesutila on puhtauden niukkuutta tarjoava neuvosto-Latvian viimeinen pesäke, joka on paapuskojen hallinnassa. Sen ja muun hotellin välissä kulkee demarkaatiolinja, jota ei huolimattomasti sovi ylittää.

Urda istuu hetken sängyn reunalla ja heiluttelee varpaitaan, kunnes nousee taas ylös ja poistuu portaikkoon. Kohta ovi käy taas, ja uusi tulokseton kierros on takana. Urda kertoo, että sama tulistunut paapuska nappasi tällä kertaa kiinni käsivarresta, talutti portaikkoon ja puski selästä alas kohti respaa. Siellä toinen paapuska näppäili puhelinta, soitti nähtävästi ylipaapuskalle ja näytti sitten sormilla viittätoista.

Pelikuvio alkaa selvitä. Vielä hetken Urda kerää voimia, kunnes ponnahtaa taas käytävälle. Ihailen moista sitkeyttä. Itse pidätän oikeuden valita taisteluni ja peseydyn huoneemme lavuaarilla kuin lauhkea lammas. Tyydyn osaani.

Kohta Urda palaa takaisin. Kaikki on nyt sujunut paremmin. Hän on puhtaan raikas, ja pyyhe kiertää turbaanina pään ympärillä. Rauhansopimus on solmittu, eikä kukaan enää käynyt käsiksi. Kunnianarvoisaan vanhaan neuvostohotelliin on palannut rauha.

3.

Kuljetaan Riian keskustan ihmisvirran mukana. Ripottelee hieman, eikä löydetä halpaa sateenvarjoa, joten sadekuuron yllättäessä poiketaan porraskäytävään tai räystään alle.

Riika sijaitsee Riianlahden rannikolla, Itämeren partaalla. Merelle keskustasta on matkaa kymmenisen kilometriä. Puistoja ja lehtipuiden reunustamia katuja täällä on paljon. Pulleiden lehmusten kukinnot tuoksuvat makeina sateisessa heinäkuussa. Latviassa puita on aina arvostettu; lehmuksen lisäksi etenkin tammea ja koivua. Tammet tosin ovat käyneet vähiin, sillä ne veistettiin aikoinaan laivoiksi ja paaluiksi, joilla tuettiin Riian jokivarren upottavaan maaperään rakennettuja komeita kivitaloja.

Maleksitaan Vecrīgan, vanhan kaupungin, kumpuilevia katuja, joiden varsilla talot makaavat tummina ja märkinä, laiminlyöntien runtelemina ja kuhmuraisina. Seinät ovat kuin pahvia, joka on turvonnut sateessa ja menettänyt maalipintansa. Täällä näkee mitä tapahtuu, kun ihmiskäden vaikutus ympäristöönsä hellittää ja home kutoo itseään ylös kivijaloista. Kasvillisuus valmistautuu ottamaan kaupunkisuunnittelijan roolin.

Sosialistinen järjestelmä painotti uudisrakentamista ja teollista tuotantoa. Vanhat kaupungit saivat rapistua, kun aikakausi tuhosi halun huolehtia talovanhuksista. Hylättynä Riian vanha kaupunki vetäytyi Euroopan parrasvaloista ja piiloutui porvarillisuuttaan häveten. Kaikki tämä näkyy nyt rakennusten kohtaloissa. Samaan aikaan kaduilla voi kuitenkin huomata merkkejä uudesta heräämisestä. Ihmisten liikkeissä on uutta virettä.

Riiassa on kauneutta ja potentiaalia. Jokaisen vinon ja rikkinäisen rakennuksen takana on kirkas idea ja pyrkimys parempaan. Talot vain vartovat löytäjäänsä, joka määrittelisi niiden kohtalon ja tulevaisuuden. Kunnostamattomat rakennukset kertovat tarinaansa päättymässä olevasta aikakaudesta, ihmisten ja talojen katkenneesta suhteesta. Vain ihmiskädet voivat palauttaa nämä seinät takaisin elämään.

Rautatieaseman takana leviää jättimäinen tori, Centrālais tirgus. Ulkona seisovissa myyntikojuissa on tarjolla halpaa tupakkaa, kasetteja ja venäjänkielistä kirjallisuutta. Musiikki rahisee kaiuttimien kestokyvyn äärirajoilla, kun myyjät huudattavat venäjänkielisiä iskelmiä ja 70-luvun diskohittejä. Venäjää puhutaan kaikkialla, latviaa kuulee vähemmän.

Torialueeseen kuuluu viisi valtavaa kauppahallia, joiden rakentamisessa on käytetty saksalaisten zeppeliini-hangaarien metallirakenteita. Ne siirrettiin tänne Kuurinmaalta 1920-luvulla. Ympärilleen ne saivat kivestä ja teräsbetonista muokatun ulkoasun.

Sisällä halleissa myyjät nojaavat pöytiin yllään valkoiset takit ja myssyt. Heidän edessään leviävät juustoasetelmat ja leipäkeot. Tarjolla on myös lihaa, makkaraa, maustettuja yrttejä ja latvialaista hunajaa. Kaikki hienoissa pinoissa ja värikkäissä rykelmissä. Savustettu kala tuoksuu ja nahkiaisiakin on tarjolla. Keltaiset mehupullorivistöt on koristeltu värikkäillä tussatuilla hintalapuilla, juustot pakattu ruttuisiin papereihin. Lihakimpaleet roikkuvat rujosti koukuissa pöytien yllä. Pöytärivistöt tuntuvat jatkuvan loputtomiin.

Halleissa käy tuulenvire, joka kuljettaa mukanaan märän hiekan ja nahkatakkien tuoksua. Kaikkialla käy puheensorina ja askelten kopina. Täällä näkee ihmisiä tinkaamassa, vanhuksia päivittäisillä ostoksillaan ja viekkaasti väkeä tarkkailevia poikia, joiden taitavia käsiä on syytä varoa.

Torin ränsistynyt takamaasto tunnetaan nimellä *Maskavas forštate*, Moskovan esikaupunki. Nimensä alue sai venäläisistä asukkaistaan ja maantieyhteydestä, joka kulkee Venäjälle tältä puolelta Riikaa. Alueella on nykyään paljon rikollisuutta ja huumeongelma, joten liikutaan varovaisin askelin. Kohdataan hiljaisella kadulla viinapullo kädessään toikkaroiva nuorukainen, joka yrittää kysellä meiltä jotakin. Pian hän kyllästyy ja häipyy kahden surkean talon väliseen hämärään.

Turgeņeva ielalla kohoaa terävänä ja karheana tiedeakatemian stalinistinen pilvenpiirtäjä. Se on Riian muuhun rakennuskantaan nähden ylimielinen kummajainen. Yksinäisen ja irrallisen näköisenä tämä harmaabetoninen rakennelma kohoaa matalan kortteliston yläpuolelle. Mikään komea rakennus se ei ole, vaan esittelee monumentaalisena ja symmetrisenä tunkkaista neuvostoideologiaa, voimaa ja pysyvyyttä, joille ei lopulta löytynyt katetta. Julkisivun pronssiset reliefit esittävät neuvostoaikaisia teemoja, joita ovat tiede, teknologia ja yhteiskunnallinen kehitys. Neuvostoaikana pilvenpiirtäjä oli kaupunkia valvova monoliitti, joka muistutti latvialaisia hallitsijastaan.

Jatketaan syvemmälle takamaastoon puutaloalueelle, jossa osa ikkunoista on peitetty levyillä ja laudoilla. Rakennusten maali on rapistunut roikkuviksi kokkareiksi. Kadut lohkeilevat ja autoissa kasvaa nyrkinkokoisia ruosteläikkiä. Gogolakadulla sijaitsee toisen maailmansodan aikana poltetun Riian koraalisynagogan raunio. Täällä paikalliset fasistit, natsien innokkaat kätyrit, kävivät juutalaisten ja heidän pyhättöjensä kimppuun.

Valkoisilla lohkareilla synagogan tontilla norkoilee nyt nuhruisia ukkoja pikkutakeissaan. Yksi heistä on teräskaiteella istuva parrakas mies, joka on käärinyt lahkeen ylös ja paljastanut tulehtuneen säärensä, jonka ympärillä kärpäset

16

pörräävät. Synagogasta on jäljellä vain kivikasa, juutalaisvainojen välinpitämättömän karu muistomerkki, eikä gettokaan ole enää muuta kuin kokoelma vinoja puutaloja ja kumaria olentoja. Sateenmärät latvianliput roikkuvat puutalojen seinätangoista kuin kuivamaan nostetut pyyhkeet.

4.

Kohdataan yhdysvaltalaisnaiset uudelleen. He istuskelevat uuden ja vanhan kaupungin rajapyykkien vieressä ohikulkijoita mittaillen. Meidät nähdessään he tervehtivät iloisesti, ja esittäydytään toisillemme. Lyhyt tummahiuksinen ketjupolttaja on Shannon ja hänen pitkä venäjänkielentaitoinen kaverinsa Laurie. Kadunreunassa on suuri Rimi-tavaratalo, joten päätetään siirtyä sinne kahville. Tavanomaiselta näyttävän marketin sisällä on tarjolla useimmille riikalaisille liian hintavia länsimaisia luksustuotteita – elektroniikkaa, kännyköitä ja merkkivaatteita. Vartijat seuraavat sisään saapuvia asiakkaita tiukasti, mutta nuhjuinen joukkiomme kelpaa heille. Melkein hävettää astella eliittitavarataloon ryttyisessä kauluspaidassa ja kuluneissa farkuissa. Ollaan jenkkien kanssa pelkkiä huijareita, länsimaisia budjettimatkaajia ja ujuttaudutaan paikallisten äkkirikkaiden keskelle.

Yläkerrassa on siisti ja moderni kahvila, joka tuntuu länsimaiselle matkaajalle kovin tutulta. Tarjolla on kahvin ja teen lisäksi croissanteja, sämpylöitä, kahvileipiä ja kakkupaloja. Seinillä komeilee samantekeviä, mutta tyylikkäitä julisteita. Istutaan järeän puupöydän ääreen ja tilataan kahvit. Tarjoilijat palvelevat rivakasti siisteissä kauluspaidoissaan.

Shannon kertoo olevansa kotoisin New Jerseystä, mutta asuu New Yorkissa. Laurie asuu Bronxin Riverdalessa, jonka sanoo olevan miellyttävää aluetta. Naiset kertovat, että matkaaminen on ollut välillä hieman pelottavaa, mutta kaikki on lopulta sujunut hyvin.

"Vanhempamme olivat kauhuissaan, kun ilmoitimme lähtevämme entisen Neuvostoliiton alueelle", Shannon nauraa. "He ovat sitä sukupolvea. Ydinsota ja sellaista – tiedättehän!"

"Saa täällä silti olla varuillaan", Laurie huomauttaa. Hän kertoo lukeneensa lehdestä, että Tallinnassa käsilaukkuja varastetaan ihmisiltä, jotka seisovat bussipysäkeillä: "Iso mies pelmahtaa paikalle, kiskaisee laukun käsistä ja juoksee pois, eikä kukaan tee mitään."

Naiset kertovat, että rikollisuus piinaa New Yorkiakin ja pormestari Rudy Giuliani yrittää sitä suitsia. Poliisien määrää on lisätty kaduilla. Times Square ja Harlem ovat hiljalleen muuttumassa turvallisemmiksi.

Naiset ovat kulkeneet Euroopan halki ja piipahtaneet Tallinnassa lyhyesti, mutta jättäneet Helsingin käymättä. Kun tiedustelen, miksi pääkaupunkimme jäi väliin, kertovat he arvelleensa sen olevan tylsä paikka ja nauravat päälle.

Laurie tarkentaa, että he matkaavat pääosin entisen itäblokin maissa, eivätkä aio käydä Ruotsissa tai Norjassakaan, vaan tähtäimessä on seuraavaksi Moskova.

Kun siemaillaan kahvia, näkyy ikkunasta kauppakeskuksen sisäkorttelin kuja, joka on rappion vallassa. Maassa lojuu sikin sokin ruosteisia rautapalkkeja ja muuta rakennusjätettä. Tämä kahvintuoksuinen pesä on nyt elitistinen pakopaikkamme, sielun ja omantunnon nollapiste tässä kaupungissa.

5.

Nähdään Skārņu ielalla turisteille kunnostettu suojaisa pako-
paikka, luostaripiha Konventa Sèta. Se nousee räikeästi esiin
kadunvarren huonokuntoisten talojen nauhasta. Luksusho-
tellin arvokkaat keskiaikaiset kivirakennukset seisovat suo-
rina ja virheettöminä, hohtavat kirkkaissa väreissä olutkatos-
ten ja aurinkovarjojen piirittäminä.

Konventa Sètan rakennukset kuuluvat Riian vanhimpiin.
Ne luovat turvallisen miljöön saksalaisille, jotka saapuvat
tänne tutkimaan kansansa historiaa. Täällä voi pohtia euroop-
palaisuuden käännekohtia, sitä miten kokonaiset kieli- ja kan-
sanryhmät karkotettiin esi-isiensä asuinsijoilta ja hautaus-
maat kaadettiin. Saimme maanosan, jonka rajat vedettiin uu-
siksi, mutta sekään ei ollut lopullista. Mikään ei ole lopullista
Euroopassa ja juuri sitä eurooppalaiset pelkäävät.

Riian kaupungin perustivat virallisesti vuonna 1201 saksa-
laiset kalparitarit johtaakseen sieltä Latvian ja Liettuan valtaa-
mista. Ennen maailmansotia suuri osa asukkaista oli saksan-
kielisiä, ja seitsemänsadan vuoden ajan Riian tuomiokirkko
oli heidän kokoontumispaikkansa. Vasta toinen maailman-
sota muokkasi Euroopan uusiksi niin, että saksalaisten pitkä
taival maassa päättyi. Nyt he ovat palaamassa takaisin kame-
rat kaulassaan.

Latvian lähihistoria on tuulista ja painostavaa aikaa. Talot
ovat todistaneet julmia tapahtumia, nähneet miten pieni kan-
sakunta on entisestään kutistunut, ihmisiä vangittu, teloitettu
ja karkotettu Siperiaan.

Kun Riiasta tuli Latvian sosialistisen neuvostotasavallan
pääkaupunki, alkoi sen väestörakenne muuttua voimakkaas-

ti. Kaupunkiin virtasi venäläisiä uudisasukkaita. Uutta väkeä liikuteltiin venäläisen väestöpolitiikan välikappaleena, ja heidät asutettiin tyhjiin taloihin ja asuntoihin, joista latvialaiset, saksalaiset tai juutalaiset oli väkisin viety pois.

Elizabetes ielalla nähdään aita, johon on liimattu julisteita kahtia murtuvasta Hotel Latvijasta.

Monet täällä toivoisivat, että länsimaisia turisteja varten neuvostoaikana rakennettu 70-luvun hotellirumilus saataisiin pois tuhoamasta kaupungin siluettia. Sosialismin vuosina Neuvostoliitto halusi näyttää kykenevänsä samaan kuin Yhdysvallat ja siksi nämä rakennusmonumentit syntyivät.

Vaikka baltit kuinka yrittävät romuttaa, purkaa ja paikata sosialismin aikaansaannoksia, kaiken pois peseminen tulee kestämään kauan, vaatimaan loputtomiin rahaa, suotuisaa talouskehitystä ja poliittista ilmastoa sekä itään että länteen.

Päädytään Pulvertornisille, ruutitornille, joka on yksi harvoista säilyneistä kaupunginmuurin torneista. Sen paksujen kiviseinien suojissa toimii nyt sotamuseo, *Latvijas Kara muzejs*. Emme osaa tulkita näyttelytilojen latvialaisia tekstejä, joten katsellaan esineitä ja kuvia, hengitetään museon pölyistä tunnelmaa. Lattioilla on tykkejä, kaapeissa ja pöydillä ruostuneita miekkoja, asiakirjoja, harjatupsuisia kypäriä, pienoismalleja lentokoneista, pukuja, onttoja kranaatteja.

Toiseksi viimeisessä näyttelyhuoneessa seinät on tapetoitu mustavalkokuvilla tuhotuista kaupungeista, hirtetyistä sotilaista ja ruumisläjistä. Kokonaisuus jää mieleen. Pienen kansan selviytymistaistelu ja miltei tuhoutuminen on karua katseltavaa, ja historian kulku armoton.

Kun poistutaan museosta, tuuli on voimistunut ja aurinko paistaa pilvien välistä. Rīgas Domsin, jättimäisen tuomiokirkon, viereen on kerääntynyt orkesteri, ja soittajilla on käsissään torvia, rumpuja ja kitaroita. Istutaan nurmikolle muiden katsojien keskelle ja seurataan kun parikymmenhenkinen orkesteri soittaa vanhoja amerikkalaisia hittejä. Soittajia on lapsista aikuisiin. Kaikilla on yllään punaiset sirkusmaiset asut, joista roikkuu liioiteltuja poletteja ja olkapäähapsuja. Patarumpua lyövällä naisella on liian pitkät hihat, joten rumpupalikat näyttävät ilmestyvän hihansuista. Pienen trumpetistipojan lahkeet peittävät kengät kokonaan.

New York, New York. Orkesteri aloittaa Liza Minnellin alun perin esittämän ja Frank Sinatran myöhemmin kuuluisaksi tekemän klassikon. Voimakas tuulenpyörre riepottelee aukiota, kiskaisee erään soittajapojan nuottipaperin telineeltä. Poika seuraa avuttomana, kun kirkon tiiliseinämää pitkin pelmuileva puhuri kieputtaa nuotit korkeuksiin.

Ei se silti menoa haittaa, vaan musiikin intensiteetti kasvaa. Nuoret kiskovat vetopasuunoitaan innokkaasti, kun taas aikuiset soittavat ilmeettöminä, mutta voimalla. Tuoreen itsenäisyyden tunneskaala tarttuu kuuntelijaan. Kylmät väreet nousevat iholle, vaikka aurinko samaan aikaan polttaa niskaa.

Portit maailmalle on nyt avattu. Kaduille virtaa uusia ajatuksia, mutta paraativaatteet ovat vielä väärän kokoiset. *La Liberté éclairant le monde,* vapauden newyorkilainen kuparijumalatar, hehkuu toiveikasta tulevaisuutta riikalaiskasvoille tuhansien kilometrien päästä.

21

6.

Grēcinieku-kadun irlantilaisbaari Paddy Whelan`s näyttää siistiltä, joten arvellaan, ettei kukaan siellä huumaa meitä ja kaiva munuaisiamme irti takahuoneessa. Ennen matkaa meitä varoiteltiin – tosin humoristiseen sävyyn – kaoottisen Baltian sisäelinkaupasta. Istutaan siis pieneen pöytään seinän viereen, lähelle hyvin pukeutuneita liikemiehiä ja vahditaan sisäelimiämme. Kello on hieman yli neljä ja sisään astelee työvuoroistaan vapautuvia kaupunkilaisia. Urheilukanava heijastuu seinän kankaalle, ja musiikki soi leppoisan hälinän taustalla.

Pian luoksemme saapuu hoikkakasvoinen ja huolitellusti pukeutunut nuori nainen, jolla on pitkät vaaleat hiukset ja suora nenä, olemuksessa patsasmaista karheutta. Hänen rinnallaan näytämme kerjäläisiltä. Nainen istuu meitä vastapäätä, ja ollaan siinä hetki hiljaa. Hän sytyttää savukkeen ja vastaa myöntävästi, kun kysyn puhuuko hän englantia. Kerrotaan olevamme Suomesta, ja nainen näyttää tyytyväiseltä.

Hänen nimensä on Renāte ja hän opiskelee arkkitehtuuria Riian Teknillisessä yliopistossa. Viikon päästä hän on matkustamassa Lontooseen etsimään työharjoittelupaikkaa ja jännittää miten Englannissa suhtaudutaan, sillä arkkitehtuuri on siellä kovin erilaista kuin Latviassa. Renāte kertoo, että monet nuoret riikalaiset lähtevät ulkomaille. Itsenäisyys on hienoa, mutta sosialismin aiheuttamien vahinkojen korjaamiselle ei ole nähtävissä valmistumispäivää.

Kun ihastellaan Urdan kanssa Riian vanhan kaupungin laajuutta, Renāte huomauttaa, että monet rakennuksista ovat asumiskelvottomia. Itse hän asuu neukkublokissa Pārdaugavan alueella, joka ei ole kaukana keskustasta. Ne ovat ihan kelpo taloja. Onhan niissä sentään vessat ja suihkut.

Renāte selittää huvittuneena, että turistit puhuvat Riiassa keskiaikaisista taloista, vaikka rakennukset eivät pääosin ole niin vanhoja. Kaupungissa on joitakin keskiaikaisia rakenteita, mutta monia taloja on rakennettu uusiksi ja muunneltu 1600- ja 1700-luvuilla. Näissä asioissa saa olla tarkkana, hän sanoo. Esimerkiksi Tallinnassa keskiaikaiset rakenteet ja talojen ulkoasut ovat säilyneet todella hyvin, paremmin kuin Riiassa.

Renāte puhuu paljon, suhauttelee kaunista latvialaista s-kirjaintaan ja sytyttää uuden savukkeen. Kun ihmettelen vanhojen kivitalojen katonrajan vinssejä ja varastoja, Renāte selittää, että ylimpään kerrokseen sijoitettu varasto vaikeutti jyrsijöiden ja varkaiden toimia. Vinssi oli tarpeen sen vuoksi, että portaat taloissa olivat jyrkkiä ja käytävät kapeita, joten varastoitava tavara oli liikuteltava ulkokautta.

Kun puhutaan entisaikojen rakennusten pimeydestä, mainitsee Renāte, että kynttilöiden, soihtujen ja öljylamppujen lisäksi korkeissa taloissa valonkäyttöä ja ilmankiertoa saatettiin toisinaan tehostaa kerrosten läpi kulkevalla avoimella tilalla.

Hän kysyy olemmeko kuulleet valoverosta. Vilkaistaan Urdan kanssa toisiamme.

"Riian alueella sellainen oli käytössä kauan sitten", Renāte kertoo. "Varakkaat halusivat rakentaa korkeampia taloja ja joutuivat siitä maksamaan. Keksittiin verottaa auringonvaloa."

Renāte sytyttää uuden savukkeen. "Verottaja on kekseliäs. Englannissa ja Skotlannissa on ollut käytössä ikkunavero. Se on sukua valoverolle. Ikkunasyvennyksiä muurattiin veron vuoksi siellä umpeen. Vähemmän ikkunoita tarkoitti vähemmän veroja. Britteinsaarilla on maksettu myös tiiliveroa, ja koska vero perustui tiilien määrään, rakentajat keksivät suurentaa tiilimuotteja."

Käyn tilaamassa uudet oluet. Kun palaan takaisin, naiset ovat hylänneet rakennusaiheet ja puhuvat musiikista. Kun kysellään latvialaisesta musiikista, Renāte suosittelee *Pràta Vètraa*. Sitten hän ottaa taskustaan pienen lappusen ja kirjoittaa meille siihen puhelinnumeronsa. Hän tarjoutuu esittelemään kaupunkia seuraavana päivänä. "Haluaisin näyttää teille mielenkiintoisimmat paikat. Voidaan käydä katsomassa nähtävyyksiä. Tässä lähellä, parin korttelin päässä, on Pulkvedis-klubi. Siellä soi kaupungin paras musiikki."

Renāte piirtää meille opaskartan klubille ja kertoo Latvian ongelmista. "Latvian venäläiset liioittelevat huonoa kohteluaan", hän sanoo ja muistuttaa millainen latvialaisten asema oli neuvostoaikana: "Venäläiset veivät parhaat työpaikat. Olimme toisen luokan kansalaisia."

Omassa pääkaupungissaan Riiassa etniset latvialaiset ovat Renāten mukaan vieläkin vähemmistö venäläisten rinnalla. Jännitteen väestöryhmien välillä voi aistia kaduilla. Itäisessä teollisuuskaupunki Daugavpilsissa latviankieliset ovat vain pieni vähemmistö venäläisten rinnalla.

Renāte ei ole toiveikas Venäjän suhteen. Hän vertaa itäistä naapuriamme valtamereen: "Se ei koskaan katoa, mutta toisinaan se myrskyää."

Latvialla on edessään haastava tie. Itsenäistyneen valtion on pitänyt rakentaa demokratia ja kansalaisyhteiskunta nopeasti kommunismin kadottua. Sellainen vaatii ylivoimaisia ponnistuksia, eikä harhaiskuilta ja kompastumisilta voida välttyä. Täällä pelätään kieliryhmien välistä sisällissotaa, Venäjän väliintuloa ja rikollisten vallankaappausta. Renāten ystävätär saapuu paikalle. He vaihtavat pari sanaa latviaksi. Tämä pyöreäposkinen nainen on käynyt Helsingissä viikkoa aikaisemmin, muttei puhu juuri englantia. Kun tiedustelen mitä hän piti Helsingistä, puistelee hän päätään ja hymyilee ujosti.

"Soittakaa minulle", Renāte sanoo lähtiäisiksi ja osoittaa kädessäni olevaa muistilappua. "Olen hyvin pettynyt, jos ette soita."

7.

Urda käy aamulla suihkussa, ja kaikki sujuu nyt paremmin. Paapuskat vaihtuvat joka päivä ja jotkut heistä ovat parempia keskustelemaan käsillään. Yksi osaa muutaman sanan englantiakin. Itse tyydyn taas peseytymään lammasmaisesti huoneen lavuaarilla.

Kaupungilta mukaan ottamassani Baltic Times -lehdessä kerrotaan diplomin West Pointin sotilaskouluun Yhdysvaltoihin saaneesta latvialaisesta sotilaasta. Presidentti Bill Clintonin vierailukin mainitaan. Lisäksi pohditaan mitä Nato tuumii Latviasta ja millä tavoin Yhdysvaltalaiset sijoittavat tänne rahojaan. Latvia kiskoo pelokkaana Yhdysvaltoja käsivarresta päästäkseen istumaan jättiläisen hartioille. Varmasti pelkoon on syytäkin. Natoon liittyminen on täällä tärkein tavoite, eikä Euroopan unioni tunnu juuri kiinnostavan. Lehdessä kerrotaan myös venäjänkielisistä professoreista, jotka protestoivat latvian kielen testiä vastaan. Jos kielikokeista ei selviä, edessä on työpaikan menettäminen. Hallitus puolestaan on huolissaan, että latvialainen kulttuuri on vaarassa kadota venäjän kielen alle. Kansalaisuuden ehtoja on siksi kiristetty tuntuvasti. Venäjänkielisen väestön nopeaa latvialaistumista ei ole odotettavissa. Venäjän passilla on arvonsa, sillä se mahdollistaa helpon matkustamisen itänaapuriin ilman viisumia. Kiinnostusta kansalaisuuteen vähentää sekin, että latvialainen joutuu suorittamaan kaksitoista kuukautta kestävän asepalveluksen.

Yritetään tavoitella Renātea pienen kioskipahasen puhelinboksista. Urda syöttää kolikkoa puhelimen sisään, mutta mustasta pakeliittiluurista kuuluu pelkkää piippausta. Myyjä katselee meitä ilmeettömänä. Vaikka hänen kätensä tekevät jotakin, ei katse irtoa touhuistamme. Soittaminen ei onnistu, joten luovutetaan lopulta ja jatketaan matkaa. Olemme menettäneet arkkitehtimme.

8.

Käydään kävelyllä Väinäjoen rannassa, ja nähdään joen toisella puolella karuja betonikerrostaloja. Mieleen muistuu kirja, jonka luin kauan sitten. Se palaa ajatuksiin nyt, kun pohtii millä oikeudella kukaan muukalainen tai matkaaja arvioi itselleen vierasta kulttuuria.

Kirja on *Suomalaiskirjeitä*. Sen kirjoitti Espanjan Granadasta kotoisin oleva kirjailija ja konsuli Angel Ganivet. Miespolo päätyi lämpöiseltä kotiseudultaan virkatehtäviin Suomen suuriruhtinaskunnan kylmään ja pimeään Helsinkiin vuonna 1896. Ganivet saapui maahamme mielenkiintoisena aikana. Venäjän keisarikuntaan kuuluva autonominen Suomi oli käymistilassa, ja maassa oli koettu vahva kansallinen herääminen 1860-luvulta alkaen. Venäjä oli ajautumassa kohti vuoden 1917 vallankumousta. Konsuli toimi Helsingissä kuin kuka tahansa kohteestaan kiinnostunut matkalainen. Hän teki havaintoja, joita vertaili ja suhteutti kotimaahansa – tässä tapauksessa konservatiiviseen ja katolisen kirkon arvojen leimaamaan Espanjaan. Ganivet toimi korkeassa virassa, joten hän opetteli ruotsin kieltä ja lähestyi suomalaisuutta sen kautta.

Hän kirjasi ajatuksiaan helsinkiläisestä ruuasta, tekniikasta, kaupunginosista ja arkkitehtuurista. Konsuli ihaili Suomen luontoa – erityisesti metsiä, järviä ja saaristoja. Helsingissä vain Kaivopuisto kuvasti hänen mielestään aitoa suomalaisuutta puineen ja harvaan pystytettyine taloineen.

Ganivet lähetti tekstejään julkaistavaksi kotikaupunkinsa *Defensor de Granada* -lehteen ja niistä koottiin hänen Suomea käsittelevä teoksensa, *Cartas Finlandesas*, vuonna 1896.

Monet Ganivetin mielenkiinnon kohteet kuulostavat tutuilta tänäkin päivänä. Hän piti suomalaista koulutusjärjestelmää edistyksellisenä, huomasi taipumuksemme kurinalaisuuteen ja saunomiseen, mutta myös runsaaseen alkoholinkäyttöön. Hän hämmästeli maamme poikkeuksellisen vapaita naisia. Se ei ollut ihme, sillä Espanjassa naisten asema oli tuohon aikaan varsin rajoitettu sekä oikeudellisesti että sosiaalisesti. Suomalaiset olivat Ganivetin mukaan rehellisiä ja vaatimattomia. Hän arvosti suomalaista työetiikkaa, mutta huomasi kansalaisten olevan varautuneita ja hitaasti lämpeneviä. Ehkä hän tästä syystä intoutui luokittelemaan suomalaiset merestä nousevan maankuoren kalansilmäiseksi heimoksi.

Suomalaisten lapsekkuus näkyi Ganivetin mukaan kiinnostuksena uusinta teknologiaa kohtaan. Polkupyörästä oli tullut muodikas kulkuväline Euroopassa, ja suosio näkyi Helsingissäkin. Tämän konsuli tulkitsi kiireen palvonnaksi. Hän tarkkaili polkupyöräileviä naisia – ainakin näennäisen analyyttisin mielin – ja ilmaisi huolensa siitä, että pyörällään nainen pystyi hetkessä ponkaisemaan eroon kotitöistä ja aviomiehestään.

Konsuli arvioi Suomen suuriruhtinaskunnan aseman Venäjän kainalossa omaleimaiseksi. Tämä arvio oli osuva. Hän tulkitsi oikein kansallistunteen kasvun ja ymmärsi, että suomalaisen identiteetin nousu puski maata kohti itsenäisyyttä.

Ganivetilla oli hankaluuksia sopeutua pohjoiseen kulttuuriin ja ilmastoon. Hän koki myös epäonnisen romanssin, eristäytyi ja masennusoireet yltyivät.

Vain vuotta ennen helmikuun manifestia ja Venäjän sortokauden alkua Suomessa, hänet siirrettiin Helsingistä konsuliksi Riikaan. Siellä hän hukuttautui marraskuisen hyiseen Väinäjokeen vain 33-vuotiaana.

9.

Neljäs päivä heinäkuuta on Yhdysvaltain itsenäisyyspäivä, jota liputetaan Latviassakin. Riian kadut ovat tulvillaan pakokaasua, baarien pimennosta kaikuu puheensorinaa ja tarjoilijat pystyttävät kadunvarsille valkoisia muovipöytiä. Väki näyttää väsyneeltä. Kadulla vastaan tulee kovettuneita katseita, siniluomisia tummia naisia ja kaljupäisiä nahkatakkimiehiä. Viikonloppu nostaa pintaan kaupunkilaisten toiveita, haluja ja odotuksia.

Alfrēda Kalniņa ielalla, hiljaisella sivukadulla, nuori mies makaa punaisen bemarin etupenkillä. Hän säätää oven kaiutinta ja huudattaa autostereoistaan länsimaista musiikkia kuin piikittäisi kapitalismia suoniinsa.

Vuosikymmenien ajan elämä sosialistisessa Riiassa on ollut samanlaista kuin missä tahansa muualla Neuvostoliitossa. On kärsitty tavarapulaa ja seisottu jonoissa. Ulkomaille ovat päässeet vain harvat. Nyt pitäisi nopeasti kuroa kiinni länsimaisen hyvinvoinnin etumatka.

Riian oman graniittijalustalla seisovan vapaudenpatsaan edessä vanha mies kantaa englannin- ja venäjänkielisiä kylttejä, joissa vaaditaan Latviaa vapaaksi kaikista Venäjän "miehitysjoukoista". Viimeiset venäläiset sotilaat jättivät Riian viitisen vuotta sitten, mutta vanhus tarkoittaa teksteillään Latvian venäjänkielistä väestöä. Vihainen nuorisojoukko kerääntyy pian vanhuksen ympärille ja kiukkuiset sanat sinkoilevat vanhusta kohden. Muuan venäläistyttö tönäisee vanhusta.

Paikalla on poliisi, joka ei puutu tapahtumiin, vaan seuraa kansanryhmien kohtaamista huvittuneena. Ohikulkijat kerääntyvät seuraamaan kovaäänistä näytelmää, joka kuitenkin päättyy saman tien. Väki jatkaa matkaansa, mutta vanhus jää paikoilleen kyltteineen.

Käydään hotellille palatessamme musiikkikaupassa ostamassa Renäten suositteleman Pràta Vètran kasetti. Sen kansipaperia koristaa suuri Adidaksen logo. Sellainen ei kelpaisi kotipuolessa minkään yhtyeen levynkanteen, mutta täällä asia ei näytä häiritsevän. Kohdataan hotellin edustalla yhdysvaltalaisnaiset. Shannon kiskoo tupakkaa seinään nojaten, ja Laurie pitää seuraa. He ovat aikeissa juhlistaa Yhdysvaltain itsenäisyyspäivää muutaman oluen voimin Jūrmalan hiekkadyyneillä, puolen tunnin junamatkan päässä Riiasta ja pyytävät meidät mukaan.

Käydään nelistään ostamassa muutama olut ja patonkia lähikaupasta. Pakataan ne Shannonin tukevaan reppuun. Matkataan sitten Jūrmalaan kolisevalla, mutta siistillä junavanhuksella.

Perillä astellaan pitkin hiekkadyynin suuntaisesti kulkevaa rantabulevardi Jomas ielaa, joka on täynnä pieniä kauppoja ja kahviloita. Pujahdetaan rannalle ja asetellaan pyyhkeet hietikolle. Katsellaan kun lapsiperheet nauttivat vedestä. Koristeelliset puuhuvilat kasvavat rantatöyräillä ja hiekkaranta tuntuu jatkuvan loputtomiin. Itämeri lainehtii vilvoittavana.

Laurie on hoikka bikineissään ja punaiset pitkät hiukset kaartuvat kauniisti olkapäille. Meillä ei Urdan kanssa ole mukana uimapukuja, sillä emme osanneet varautua rantaelämään. Tyydytään käärimään farkunlahkeet.

Päällisin puolin yhdysvaltalaisnaiset ovat melko samanlaisia kuin mekin, mutta pinnan alla kaikki on toisin. Olemme Urdan kanssa pyrkineet varautumaan kaikkeen ja tarkkai-

30

lemme ympäristöä epäluuloisina. Tulkitsemme jokaisen ilmeen, eleen tai kohtaamisen uhkaavana, kunnes toisin todistetaan. Passiemme suojapussit piilotamme vyön ja vaatekertojen alle, kun taas yhdysvaltalaisnaisten passit roikkuvat rennosti kaulapusseissa paidan tai farkkutakin päällä. Moinen huolettomuus ei tulisi mieleenikään. Passeista olemme Urdan kanssa tulostaneet kotimaassa kopiot ja jakaneet ne keskenämme, piilottaneet rahaa kenkiin ja käänteisiin. Pankkikorttejamme ja sekkejämme pidämme mahapusseissa housunvyötärön alla. Uskon että kasvuympäristö antaa ihmiselle rytminsä ja pinnoitteen. Joku voisi huvittua varautuneisuudestamme, mutta me tulemme pidättyväisistä ja hiljaisista suomalaiskaupungeista.

"Mitä aiotte tehdä Moskovassa?" kysyn Laurielta, joka makaa selällään pyyhkeellään.

"Minulla on siellä sukulaisia. Mennään kyläilemään, käydään Punaisella torilla ja syödään hyvin."

"Saat puhua venäjää."

"Kyllä, ja näen Leninin."

Shannon kaivaa repusta meille kaikille lämmenneet oluet ja sytyttää savukkeen. Tuuli yltyy hieman. Nähdään joitakin vaahtopäitä. Rannalle löntystelee lisää lomalaisia aurinkohattuineen ja kylmälaukkuineen, ja kaikille löytyy hyvin tilaa parikymmentä kilometriä pitkällä hietikolla.

Laurie keskeyttää rennon tunnelman kertomalla, että Riiassa oli keväällä pommi-iskuja. Keskustassa iskettiin synagogaan, mutta kukaan ei kuollut. Se oli kaupungin ainoa toisesta maailmansodasta selvinnyt synagoga, joka yritettiin nyt posauttaa ilmaan. Myöhemmin toinen pommi räjähti roskalaatikossa lähellä Venäjän lähetystöä. Eikä siinä kaikki. Ennen näitä tapahtumia sadoittain entisiä SS-miehiä oli marssinut kaupungin halki. Samalla marssilla oli mukana myös johtavia latvialaisia poliitikkoja.

Shannon nousee äkkiä ylös, ja bikinien takamuksessa on hiekkaa. Hän käy kiskaisemassa irti lähellä seisovan aurinkovarjon ja tuo sen suojaksemme. Kauempana kaveriensa kanssa viltillä istunut nuorimies seuraa Shannonia ja huutaa tälle jotakin venäjäksi. Ehkä hän on kuullut, kun puhumme englantia.

Laurie nousee ja menee juttelemaan paidattomalle pojalle. Tämä on lyhyt, mutta leveäharteinen. He puhuvat venäjää ja poika nyökyttelee, heilauttaa sitten meille kättään ystävällisesti ja palaa kavereidensa luokse.

"Kyseli haluammeko liittyä seuraan", Laurie sanoo.

Shannon tirskahtaa ja nostaa tyhjän pullon huulilleen, tökkää sen pystyyn hiekkaan.

Iltapäivän jatkuessa tuuli yltyy ja hakkaa aurinkovarjon liepeitä. Kun aurinko peittyy pilviin, kerätään roskamme reppuihin ja astellaan rautatieasemalle.

Riiassa ilta on tihkusateinen. Autojen valot heijastuvat lätäköistä, raitiovaunut kolisevat kiskoilla ja turistit pujahtelevat hotelleihinsa. Kaduilla norkoilee synkkiä ukkoja, harvahampaisia juoppoja ja nuorisoporukoita. Myyjät nojailevat kyllästyneinä kioskikopeissaan ja putiikit sulkevat oviaan. Kaupunkilaiset katoavat kuka minnekin, kohottelevat kauluksiaan, vaikka on heinäkuu.

Tuntuu että on hyvä aika vetäytyä hotellin suojiin. Hyvästellään yhdysvaltalaisystävämme, jotka ovat nälkäisiä ja aikovat jatkaa matkaa ravintolaan. Harmitellaan, että yhteinen aikamme päättyy ja halaillaan jäähyväisiksi. Laurien paidankaulus painuu nenääni vasten, ja siinä on rinkan kuminen tuoksu.

10.

Katsellaan seuraavana aamuna televisiostamme suoraa lähetystä Riian laulu- ja tanssifestivaalien päättäjäisjuhlasta, joka on meneillään keskustassa. Kietaistaan hien jähmettämät rahataskut vyötärölle ja mennään mukaan, astutaan katujen ihmisvilinään. Sateet ovat väistyneet, ja tämä on matkamme ensimmäinen polttavan kuuma hellepäivä. Seisotaan väkijoukossa, joka seuraa päättäjäiskulkuetta. Ohi astelee maaseudun väkeä, yhteisöjen ja laitosten edustajia, poliiseja, taiteilijoita ja urheilijoita, kansakunnan läpileikkaus.

Ruutitornin edessä poliisikoulun lapsenkasvoinen ryhmä pysähtyy eteemme. Heidän lakkinsa ovat vinossa, ryhti huono ja puvut väärää kokoa, mutta he ovat nuoria ja innokkaita. Vanha poliisipäällikkö komentaa heitä kuin omia poikiaan.

Päättäjäiskulkueessa on mukana laulajia, soittajia ja sirkustaiteilijoita. Lauluryhmät ovat saapuneet eri puolilta Latviaa – Kuurinmaalta, Liivinmaalta, Semgalliasta ja Latgalesta. He kantavat viirejä, joissa on kaupunkien tunnuksia ja nimiä: Cèsis, Liepaja, Sigulda, Pilsrundale, Kuldìga. Marssijoilla on punavalkoisia hattuja, myssyjä ja pukuja. Miehet ovat värikkäitä ja ilveileviä katsojien kustannuksella. Neitojen kultaiset poninhännät leviävät olkapäille. Torvisoittokunnat koliste-

levat teiden varsilla, ja kaikkialla liehuvat Latvian punaval-
koiset liput. Marssijat heiluttavat kylttejä ja kukkia, hyväste-
levät riikalaiset huutamalla kuorossa: "Sveiki, sveiki!" ja
yleisö vastaa samalla mitalla: "Sveiki!"

Aurinko helottaa pilvettömältä taivaalta, lämmittää kau-
punginkanavan uomaa. Kadunvarsien yleisö näyttää varo-
vaisen onnelliselta. Väkijoukossa erottaa paksusankaisia sil-
mälaseja, säteileviä kasvoja. Kansallistunne näyttäytyy tänään voimakkaana. Ihmiset
ovat ylpeitä ja kiihkeitä pienestä valtiostaan. Liian kauan
Riika on ollut irti Euroopasta, mutta nostaa nyt päätään, kui-
vattelee kivisiä kylkiään auringossa. Kuhmuraiset talot kur-
kottelevat kohti valoa.

MCDONALD'S OLI TAIVAS

"Selvitäänköhän me tästä hengissä", nuori nainen kuiskaa suomeksi kumppanilleen, kun istutaan Riian Autoostalla täyteen pakkautuvassa bussissa. Tunnelma on hektinen, ja sisään ahtautuu monenlaista kulkijaa. Osa matkustajista päätyy seisomapaikoille. Odotellaan, että matka kohti Vilnaa alkaisi. Paikalle astelee katolinen nunna. Hänen kaulaketjussaan roikkuu suuri metalliristi, joka kelpaisi vaikka lyömäaseeksi. Nunna on vaikuttava näky mustassa kaavussaan, kun hän tiukkaan sävyyn vaatii suomalaispariskuntaa siirtymään paikaltaan. Urda näyttää nuorille, miten tulkita haaleasti tulostuneen matkalipun istumapaikkanumeroa. Nämä kiittävät ja könyävät bussin takaosaan.

Muuan miesmatkustaja näyttää mustine viiksineen entisaikojen uudisraivaajalta. Hän on pukeutunut kuluneisiin farkkuihin ja flanelliruutupaitaan, jonka helma roikkuu rennosti housujen päällä. Mies tarjoaa muille tulta pihalla, tupakoi kyykkyyn laskeutuneena. Hänen kätensä ovat vahvat, posket lommolla, silmät kirkkaat ja kovat. Savut imaistessaan hän näyttää keskittyneeltä ja silmät painuvat viiruiksi. Mies sulautuu maisemaan täydellisesti.

Kuljettajia puolalaisen yhtiön bussissa on kaksi. Toinen on lyhyenläntä ja toinen pitkä, mutta molemmilla on samanlaiset pulisongit ja leveät kämmenet, joilla bussia on hyvä ohjata. Kauluspaidoissaan he ovat kuin kaksi hyvin puettua karhuveljestä. Jyristellään ulos Riiasta betonisiltaa pitkin. Nähdään viimeiset näkymät Centrālais tirgusin takamaastosta. Ruostuneiden jalkapallomaalien välisellä ruohokentällä norkoilee tyhjäntoimittajia, ja Väinäjoen rannalla paapuskat kyykistelevät kasvimailla. Horisontissa siintää Zaḵusalan saaren mahtava televisiotorni. Kun katselee rapistuneita taloja ja ulosmenotien varren jättömaita, näyttää Riika lähes korjauskelvottomalta. Ilta on aurinkoinen. Tienvarsien autioilla kukkuloilla seisoo yksinäisiä hylättyjä kivitalojen rankoja ja sammalkattoisia maataloja. Männiköt vaihtuvat keskieurooppalaiseksi lehtimetsäksi. Kumpareilla kohoaa katolilaisten pyhimyksiä, lasikaappeihin suljettuja hahmoja ja ristejä. Kulotusten savut näkyvät etäältä ja tuoksuvat bussissa. Urda vajoaa uneen, painuu kylkeäni vasten.

Apukuljettaja asettaa videokasetin tavarahyllyn vhs-nauhuriin. Pian katonrajan kahdesta monitorista näkyy Puolan televisiosta nauhoitettu yhdysvaltalainen toimintaleffa. Kömpelösti puolaksi dupattu elokuva sisältää murhia ja julmia tekoja. Bussiin särähtelee iskuja, laukauksia, lyöntejä ja painostavaa musiikkia. Tavaratelinetasot resonoivat, kun tappaja karjuu puolaksi, työntää pistoolin uhrinsa niskaan.

Nunna nuokkuu vieressämme, kohottaa päänsä metelin yltyessä ja katselee hetken maailman dramatisoitua pahuutta, kunnes vaipuu taas uneen. Elokuva keskeytyy Puolan television kiinnostaviin mainoskatkoihin, mutta ne apukuljettaja valitettavasti kelaa yli.

Laajalla kukkulalla, peltojen keskellä, yksipaikkainen pien-lentokone kaartaa yhtäkkiä hämärässä bussiamme kohti. Pot-kurikone vaappuu matalalla ja ylittää Via Baltican edes-tämme holtittomasti vain metrien korkeudella tienpinnasta. Kuljettajamme jarruttaa ja uneliaiden matkustajien päät nyt-kähtävät kuin rukouksessa.

Kone katoaa läheisen pellon heinikkoon ja matkustajat kur-kottelevat nähdäkseen selvisikö lentäjä-ässä ehjänä. Urda hät-kähtää hieman, muttei herää, ja matka jatkuu.

2.

Hostellimme on kaksikerroksinen kivitalo, joka sijaitsee ka-pean Bernardinų-kadun varrella Vilnassa. Se on osa pitkää vanhojen kivitalojen nauhaa. Huoneemme on korkea ja viileä, mutta pikimustaksi uutettu aamukahvi laittaa kohmettuneen kehon ylikierroksille koko päiväksi.

Syödään tukeva aamupala ja viritellään varusteitamme, asetellaan passit ja muut dokumentit paikoilleen. Hyvä val-mistautuminen päivän kävelyturneeseen on tärkeää ja tuo mielenrauhaa. Vilnan vanha kaupunki, Senamiestis, on yksi Euroopan suurimpia vanhoja kaupunkeja, joten kilometrejä on edessä paljon.

Olemme alkaneet hiljalleen matkallamme ymmärtää käve-lemisen merkityksen. Emme ajatelleet asiaa ennen matkaa, mutta nyt se tuntuu jo päivänselvältä. Käveleminen sujuu parhaiten aamupäivisin, kun keho on energinen levon, aami-aisen ja kahvin jäljiltä. Kadut ovat varjoisan viileitä ja kulma-kuntien väki vireää ja toimeliasta. Käveleminen on kepeää ja luontevaa. Liikkumisessa on elämän ja toiveikkaan uuden päivän rytmi. Kävelijä sulautuu osaksi katujen virtaa. Hetken ajan voi kuvitella olevansa osa kaupunkia. Iltapäivisin illuusio alkaa rikkoontua, ja väsymys saa syyllistymään samojen korttelien kehämäiseen ja innottomaan kiertelyyn. Päivän päätteeksi kiskaisemme kengät jalasta ja tutkimme jalkapohjien vesirakot ja hiertymät, makaamme lattialla vierekkäin ja nostamme jalat seinälle elpymään.

Baltian maiden itsenäistymisprosessi alkoi Vilnassa, kun Liettuan parlamentti ensimmäisenä sosialistisena neuvostotasavaltana julisti maan itsenäiseksi vuonna 1990. Neuvostoliitto vastasi painostustoimilla, ja tilanne kärjistyi. Neuvostojoukot ampuivat täällä neljätoista mielenosoittajaa, yli sata loukkaantui. Mielenosoittajien rakentamasta barrikadista on jätetty pätkä parlamenttitalo Seimasin viereen ja siihen on ripustettu rukousnauhoja, ristejä ja uhrien kuvia.

Gedomino Prospektas on kuin Helsingin Esplanadi. Väki esittelee autojaan ja vaatteitaan, poseeraa, pujottelee ja tönii jalkakäytävillä. Autot työntyvät vanhassa kaupungissa ihmisjoukkojen läpi itsepintaisesti. On väistettävä kadunreunasta toiseen kapeiden väylien ja kunnostustöiden vuoksi.

Haetaan helpotusta helteeseen ostamalla jäätelöt Ikii-myymälästä, ja syödään ne Neris-joen rannalla kiviportaikossa, jossa paikalliset käyvät heittämässä vetensä.

Uteliaan kävelijän kannalta on kiinnostavaa, että Vilnan sisäpihat tarjoavat niin paljon yllätyksiä. Ne rehottavat kiviporttien takana villeinä ja rähjäisinä. Hoitamattomissa ryteiköissä ja heinikoissa seisoo Ladoja, tynnyreitä ja pyykkirivistöjä. Korttelien suojiin jää paljon seisovaa ilmaa ja hylättyjä mahdollisuuksia – kokonainen piilotettu sielunmaisema.

Vilnan säilyneiden rakennusten arkkitehtuurissa on italialaisia vaikutteita, jotka virtasivat tänne katolisuuden mukana. Merkittävimmät palatsit on kunnostettu viimeistä yksityiskohtaa myöten, mutta katuvarsien rauniotaloja vasta pumpataan henkiin. Rakennukset saavat uudet reisiluut ja nivelet, tuplaikkunat ja varakkaat asukkinsa. Turistien silmät kirkastuvat jokaisen entisöidyn julkisivun edessä ja sormet tapailevat kameran laukaisinta.

Kunnostettu katedraali on Vilnan keskiössä. Balttiheimojen pakanakultin pyhättö purettiin sen tieltä satoja vuosia sitten, ja tilalle rakennettiin tuomiokirkko, katolinen katedraali, joka on sekoitus erilaisia tyylejä. Julkisivussa on goottilaisia elementtejä ja yksityiskohtaisia veistoksia. Sisältä rakennus on monimutkainen kuin Liettuan tie kristinuskoon. On kappeleita, alttareita, liturgisia esineitä ja krypta, johon on sijoitettu kuninkaallisia hautoja. Moni Liettuan kuningas on kruunattu täällä.

Rooman temppelit mieleen tuova pyhättö kertoo tarinaa entisten aikojen vaivalloisesta väistymisestä. Kristinusko sai Liettuassa jalansijan vasta 1300-luvulla, kun suuriruhtinas Mindausgas ensin oli kääntynyt uskoon.

Vilnan katedraalin kaltaisessa rakennuksessa kävijä saattoi aistia hengellisen, poliittisen ja taloudellisen vallan läsnäolon. Uskon levittäjien piti voittaa väki puolelleen, rakentaa elämyksiä, luoda illuusioita jumalan valtakunnasta. Tila ohjasi katsetta, loi pyhyyden tuntemuksia ja kutisti havainnoijan paikalleen universumissa. Kokemuksen lopputuotteena oli kansalaisen tuntema nöyryys ja kunnioitus.

Neuvostovallan aikana rakennusten merkitysten muuttaminen oli osa vallanvaihtoa; entiset jumalat piti piilottaa kansalta. Siksi temppeleistä ja kirkoista tuli Liettuassa vuosikymmenien ajaksi varastoja ja kulttuuritaloja.

3.

Vilna on poliisien ja vartijoiden kaupunki. Turisteja vastaan tehdyt hyökkäykset ovat hiljattain lisääntyneet rajusti. Juoppoja, syrjäytyneitä ja narkkareita viipyilee erityisesti bussiaseman tienoilla, mutta outoihin hiippareihin voi törmätä missä vaan.

Vaikka turisteja ei juurikaan näy, kohdataan keskustassa harmaahapsinen eläkeläisryhmä, joka on saapunut kaupunkiin etsimään juuriaan ja nuuhkimaan aaveita. Tuhansien länteen paenneiden perheiden ja sukujen historian takaperoiset askelmerkit viipyilevät Vilnan kortteleissa.

Liettua on esimerkki siitä, miten mahtavakin valtakunta voi nopeasti menettää asemansa ja melkein kadota kartalta. Vielä 1300-luvulla Vilna oli mahtavan Mustalle merelle ulottuneen Liettuan suuriruhtinaskunnan pääkaupunki ja myöhemmin osa Puola-Liettuan kuningaskuntaa. Vuoteen 1795 mennessä kaikki alueet oli menetetty laajenevalle Venäjälle.

Vilna oli tärkeä puolalaisille, juutalaisille ja liettualaisille 1900-luvulle saakka. Puolalaiset olivat hallitsevaa luokkaa, ja kaupunki yksi Euroopan merkittävimmistä juutalaisuuden keskuksista. Tämä aikakausi päättyi, kun Natsi-Saksa ja Neuvostoliitto vuoron perään vyöryivät kaupunkiin.

Saksan hävittyä sodan, Vilnasta tuli Liettuan neuvostotasavallan pääkaupunki. Paikallista väestöä tällainen laidasta toiseen heittelehtinyt vallanvaihdosten ja väkivallan painolasti runteli armottomasti. Moni joutui valitsemaan puolensa ja päätyi lopulta matalaan maakuoppaan nukkumaan ikuista untaan.

Vilnan ja Riian matka nykypäivään on samankaltainen. Kaupungit ovat nousseet esiin sosialismin mutaveden laskeuduttua. Äkillisen vapautuksen kokenut Vilna on nuhjuinen ja maantuoksuinen. Päivä kuluu kävellen, kunnes pysähdytään iltapäivällä Pilies-kadun sisäpihan ravintolaan. Istutaan tuoleillemme rojahtaneina hämärällä ja viileällä terassilla. Syön perunapannukakkuja ja Urda lusikoi punajuurikeiton. Tilataan lisää olutta, katsellaan ruokailijoita ja seinään asennetulla näytöllä pyörivää tylsämielistä golf-turnausta. Kuunnellaan liettualaista puheensorinaa.

Ollaan vaeltamisen uuvuttamia. Emme päivän aikana pysähtyneet montaakaan kertaa. Kun olemme liikkeessä, tapahtuu jotain mistä pidän; vetäydymme omaan erilliseen havainnoimisen todellisuuteemme. Viihdyn siellä.

Kun sitten seisahdumme kadunkulmaan tai torille lepuuttamaan jalkojamme, muutumme näkyviksi. Kohtaamme tällöin ihmiset ja kaupungin. Syntyy kosketuspintoja. Meidän on tuolloin tartuttava kiinni ajasta ja paikasta, ja tuntuu kuin joutuisi perääntymään meditatiivisesta poissaolosta, joka rakentuu päättymättömästä kulkemisesta.

Käveleminen on kehon- ja mielentila, johon liittyy monenlaisia etäisyyksiä. Helsinkikin jää kauemmas jokaisella askeleella – riippumatta siitä mihin suuntaan kuljemme.

Vetäydytään majapaikkaamme, jossa Urda pesee pyykkiä pulsaattorikoneella ja ripustaa märät vaatteet kuivumaan komeroon. Kuunnellaan kun kalsareista rapsahtelee pisaroita sanomalehden sivulle, jonka Urda on repäissyt matkalle mukaan ottamastaan Hesarista.

Keittiössä Urda tutustuu valkovenäläiseen naiseen, jolla on saksalainen poikaystävä. Näen miehen käytävällä, ja hän on kaksimetrinen mustakarvainen apinannäköinen köriläs. Nainen taas on Urdan mukaan langanlaiha ja pieni kuin lumikko.

4.

Istutaan illalla Vilnasta kohti Varsovaa kolistelevassa Toksin puolityhjässä bussissa. Väki on kuin yhtä perhettä. Edessämme istuu nuoripari ja taaempana nainen hyssyttää hiljaista vauvaansa. Bussin perällä retkottaa olutta kittaava venäläisnuorukainen.

Puhe sorisee leppoisasti, kun taitetaan matkaa. Edessä on yli viisisataa kilometriä kumipyörien päällä, joten on aikaa katsella kumpuilevia peltoja, maataloja ja lehmiä. Edessämme istuvat nuoret arvaamme kielen perusteella liettualaisiksi.

Saavutaan Liettuan ja Puolan rajalle Lazdijai-Ogrodnikiin. Aseman ruuhkat ovat pahamaineisia, välillä kilometrien pituisia. Väitetään että matkaajilta kerätään lahjuksia saksan markoissa ruuhkan ohittamiseksi. Puolalaiset syyttävät tästä liettualaisia, ja puomin toisella puolella asia nähdään päinvastoin.

Tunnelma bussissa on jännittynyt ja matkustajat kaivavat hermostuneina passejaan esille. Tarkastus kestää kauan, sillä virkailija tuijottaa jokaista matkustajaa silmiin, vertaa passikuvaan ja selaa kansiotaan. Jokainen matkustaja on potentiaalinen epäilty. Venäläisellä naisella on viisumiongelmia.

Hän joutuu luovuttamaan passinsa ja poistuu ulos täyttämään lomakkeen. Puolan ja Liettuan suhde on erityinen. Mailla on pitkä yhteinen historia, joka on painottunut tällä vuosisadalla lähinnä vihanpitoon. Kiistojen keskiössä on ollut Vilna, joka oli Puolan hallussa kaksikymmentä vuotta ennen toista maailmansotaa. Liettualaisille vanhan pääkaupungin menettäminen oli katkeraa, vaikka Vilnan väestö pääosin olikin puolalais-juutalaista. Edes katolinen perinne ei näytä liimaavan maita yhteen. Helsingin Sanomien mukaan juopuneet liettualaiset rajamiehet aiheuttivat pari vuotta sitten diplomaattisen selkkauksen, kun tunkeutuivat Puolan puolelle ja ryhtyivät ammuskelemaan.

Puolaa ja Liettuaa yhdistää sadan kilometrin pituinen rajakaistale, jota sanotaan Suwałkin käytäväksi. Se on Baltian manner-Eurooppaan liittävä savijalka, jonka päällä nämä kolme Itämeren maata seisovat. Puolan ja Liettuan keskinäisen kyräilyn lisäksi painetta rajamiesten arkeen täällä luo Venäjän Kaliningrad lännessä ja Valko-Venäjä idässä.

Tullitarkastuksemme kestää puolitoista tuntia. Bussilastillinen väkeä todetaan ankaran tuijottelun jälkeen kelvolliseksi siirtymään Puolan maaperälle.

Matkan jatkuessa edessämme istuvat nuoret puhuvat vilkkaasti keskenään ja vaihtavat välillä pari sanaa käytävän toisella puolella istuvan naisen kanssa, joka on tšekin kielen opettaja. Nuoret kuuntelevat meitäkin, yrittäen ehkä oivaltaa mistä olemme kotoisin. Asia ei näytä heille selviävän. Lopulta he kääntyvät istuimillaan ja ilmoittavat haluavansa keskustella kanssamme.

He ovat liettualaisia kielten opiskelijoita. Punahiuksinen pisamakasvoinen nainen on nimeltään Danuta, ja hän opiskelee kielten lisäksi arkeologiaa. Nuorukainen on nimeltään Jurgis. He ovat menossa valtion tukemalle opintomatkalle Prahaan.

Danutan mukaan meidät tunnistaa heti muukalaisiksi. "Vaalea ilmiasu", hän perustelee. Urdalla on tummanruskeat hiukset, joten vaaleus tarkoittanee minua. Aurinko polttaa kesäisin hiukseni miltei valkoisiksi. Danuta taas kävisi melkeinpä helsinkiläisestä, lukuun ottamatta suoraa epäsuomalaista nenäänsä. Jurgisin hiukset on leikattu parin millin terällä, ja tyyli tuo mieleen Baltian venäläisnuoret.

"Miksi kävitte Liettuassa?" Danuta ihmettelee uteliaana. Hän ei voi ymmärtää miksi kukaan vierailisi hänen kotimaassaan. "Vihaan kaikkea liettualaista. Meillä ei ole turisteja. Tavaraa on alkanut tulla vasta kapitalismin vuosien aikana."

Hän kertoo, että vanhankaupungin talot ovat olleet kylmiä, ja vesijohtovesi likaista ja haisevaa. Muuan turisti oli Danutan mukaan juonut Vilnan vettä ja saanut veriset ikenet.

"Nuoret käyttävät huumeita", hän selittää. "Vanhempi väki käyttää alkoholia ja rikollisuus on ankaraa. Ihmiset, talot ja infrastruktuuri ovat kaikki kurjassa kunnossa."

Kun keskustellaan lännestä hyökyvän kapitalismin vaikutuksesta Liettuassa ja Baltiassa, Danuta ei innostu sen kritisoimisesta. "McDonald's oli taivas", hän kertoo. "Ryntäsimme sinne heti, kun se avattiin Vilnassa. Viimeinkin käytössä oli puhdas vessa keskellä kaupunkia, eikä siellä tarvinnut pelätä saavansa tartuntoja."

Hänen mielestään sosialismin aikaa on jo alettu romantisoida ilman syytä. "Kaupoissa oli silloin vain maitoa, leipää ja perunoita. Olemme unohtaneet, miten kovaa elämä ennen oli."

Kun Jurgis innostuu tilittämään huoltaan globaalista ekologiasta, Danuta keskeyttää hänet ja huomauttaa olevansa realisti. Ekologian sijaan hän haluaa puhua gangstereista ja kertoo Panevėžysin pahamaineisuudesta: "Jos hymyilet – kuolet! Nuorukaisilla on Panevėžysissä siilitukat ja urheiluasut, gangsterien heiloilla korkokengät ja piiloon pakkeloitu naama." Koskaan Danuta ei aio mennä Panevėžysiin. Esimerkkinä kaupungin hirmuisuudesta hän kertoo kaverinsa seikkailun. Tämä oli törmännyt pelottavaan jengiin ja paennut taksiin – vain huomatakseen siellä istuvan samoja körmyjä. Koko matkan ajan hän oli kytännyt sopivaa tilaisuutta hypätä ulos liikkuvasta autosta.

"Klaipėdassa on hiekkaa, merta ja laivoja", Danuta tuhahtelee. "Ei mitään erityistä. Sekö kiinnostaa ihmisiä? Ei ole hauskaa kävellä laivalta laivalle ja bongata kultahampaisia Adidas-gangstoja."

Danuta kertoo, että liettualaiset pelkäävät Venäjää: "Neuvostoliiton aikana älymystön edustajat vietiin Siperiaan tai tapettiin, ja jäljelle jääneitä kannustettiin unohtamaan historia juomalla. Maassa on suuri henkinen tyhjiö. Kieltäkin ruhjotaan, sillä venäläiset levittävät todella brutaalia slangia, joka rappeuttaa sitä."

Danuta ja Jurgis ovat ällistyneitä, kun kerromme rauhallisesta yli tuhat kilometriä pitkästä yhteisestä rajastamme Venäjän kanssa ja suomenruotsalaisesta vähemmistöstä, jonka kanssa elämme sulassa sovussa.

Puhutaan toimeentulosta. Danutan mukaan on olemassa sanonta, että Vilnassa on enemmän taksikuskeja kuin New

Yorkissa, ja muuta työtä he eivät osaa tehdä. Vuosien opiskelun jälkeen akateemiset jäävät usein Liettuassa työttömiksi ja lähtevät ulkomaille.

"Onko sinulla mitään hyvää sanottavaa Liettuasta?" Jurgis kysyy hieman harmistuneena keskeyttäen Danutan.

Nainen miettii hetken, kunnes hänen silmänsä kirkastuvat: "Palanga on seksikäs paikka", hän keksii. "Siellä puhutaan jännittävää murretta. Samogiitti kuulostaa pehmeämmältä ja laulavammalta kuin kirjakieli."

Vertaillaan sanastojamme ja pohditaan kantasuomen balttilaislainoja. Aivan kohdalleen eivät sanamme osu: Vasara tarkoittaa liettuaksi kesää, mutta kirves sentään on *kirvis*. Tavataan *perkelettä* erityisen hartaasti, ja tämä huvittaa kovasti tšekin kielen opettajaa. Sana tarkoittaa siirtymistä paikasta toiseen.

Danuta selittää, että suomen ja liettuan kielten yhteiset tai toisiaan muistuttavat sanat saattavat juontaa juurensa jo kadonneeseen tuntemattomaan balttikieleen. Suomalaisia hän kutsuu "pohjoisbalteiksi".

Käydään läpi toistemme suosikkikirjailijoita. Jurgis luettelee liettualaisia sanantaitajia, mutta emme tunnista niistä yhtäkään. Czesław Miłoszin nimen olen joskus kuullut. Hänet tunnetaan puolalaisena kirjailijana. Miłosz on silti syntynyt nyky-Liettuan alueella, ja hänen tuotantonsa on merkittävä osa Liettuankin kulttuurihistoriaa.

"Vihaan liettualaista vanhaa kirjallisuutta", Danuta keskeyttää.

"On siellä hyviäkin juttuja", Jurgis puolustelee.

Danuta puistelee päätään ja kertoo esimerkin tyypillisestä liettualaisesta tarinasta: "Poika näkee tytön. Ihmettelee. Istuu aidalle. Tarjoaa tytölle maitoa. Tilanne huipentuu siihen, että lehmä tulee paikalle."

Kun olemme jutelleet pari tuntia ja viihdyttäneet siten käytävän toisella puolella istuvaa kieltenopettajaa, yritetään kaikki vääntäytyä jonkinlaiseen uniasentoon. Ohikiitävien autojen valot pyyhkivät kiihkeästi istuinten kylkiä.

BELLOTTON VARJOT

Varsova näyttää epäystävälliseltä aamuyön hämärässä. Rakennuskanta on massiivista ja rujoa, kadut leveitä kuin jalkapallokentät. Märkä asvaltti suhisee bussin renkaita vasten, kun saavutaan miljoonakaupungin keskustaan Solidaarisuus-väylää pitkin.

Keskusasema Centralnalla hyvästellään liettualaisnuoret, kerätään kiireesti tavaramme ja kiskotaan rinkat kostealle hiekalle. Urda hytisee kylmästä, nojaa olkapäähäni ja vaihtaa sandaalit kenkiin sadevesilätäköiden välisellä kaistaleella. Ympärillä kohoaa pari nykyaikaista pilvenpiirtäjää, sellaisiakin tänne on jo rakennettu.

Lähdetään suunnistamaan kohti vanhan kaupungin, Stare Miaston, turistitoimistoa. Bussimme saapui pari tuntia etuajassa, joten vaelletaan lähes aution miljoonakaupungin leveillä aamuöisillä kaduilla pehmein askelin, varoen herättämästä uinuvaa jättiläistä. Kaupungin silmät ovat vielä suljetut, ratikat ja bussit varikoilla.

Ohitetaan vanhaan kaupunginmuurin kuulunut Barbakanbastioni, puoliympyrän muotoinen etuvartio, joka on tänä kesänä remontissa. Päädytään odottelemaan aamunkoittoa linnanaukio Plac Zamkowylle, jossa katsellaan vanhan kaupungin nukkuvien kivitalojen rivistöä ja kuninkaanlinna Zamek Kròlewskin punertavaa julkisivua. Äkillinen tihkusade hieroo kasvoilta yön kylmän hien. Vedän ylleni villapaidan, ja syödään repussa liiskaantuneet evässämpylät. Katsellaan kun Varsova hiljalleen heräilee ja aurinkovarjot aukeavat keskustorilla. Kun myyjät ryhtyvät asettelemaan jalkakäytäville mainoskylttejään, väistytään sivummalle. Kaupunki katselee meitä välinpitämättömästi, niin kuin itsevarmat pitkähampaiset jättiläiset tekevät. Me taas seuraamme sitä herkeämättä, vilkuilemme sivusilmällä, yritämme näyttää vaarattomilta ja olla provosoimatta. Huomaamme kaupungin jokaisen pienen aamu-unisen liikahduksen. Turistitoimisto avautuu viimein. Majoituspaikaksi virkailija ehdottaa Veiksel-joessa kelluvaa laivahotellia, Na Wodzieta, joka on kahden toisiinsa kytketyn lautan kokonaisuus. Se sijaitsee Powiślen kaupunginosassa, joka on melko kaukana vanhasta kaupungista.

Astellaan puolihorteessa loputtomalta tuntuvia katuja, ja löydetään lopulta joenvarren laituriin ankkuroitu hotellimme kahden sillan välistä. Lautan eteläisellä puolella on autoliikenteelle tarkoitettu Poniatowskin silta, jonka ajoliittymät tekevät rujoja rusettikuvioita penkereellä lauttamme vieressä. Keskustan puolelta joen ylittää meluisa rautatiesilta, ja rantapenkereellä kulkee vilkas ajoväylä, Wybrzeze Kościuszkowskie; liikenne ja melumuuri piirittävät kelluvaa majapaikkaamme.

Hyttimme on Aldonalla, ja siihen kytketty toinen lautta on nimeltään Anita. Ne ovat koruttomia ja suttuisen näköisiä purkkeja, mikä sopii meille hyvin. Syödään hytissämme leipää ja juodaan viinipullon jämät. Katsellaan pienestä ikkunasta joenvarren näkymää, vastarannan hoitamatonta pusikkoa ja ikkunan taitteissa pöriseviä kärpäsiä. Yritän laivahotellimme pesuhuoneeseen. Tönäisen ovea, jolloin se kopsahtaa lattialla mahallaan makaavan nuorukaisen päähän. Tämä mumisee jotain, muttei jaksa nousta ylös. Puolitajuttomana makaava poika kuuluu kaupungilla kosteaa iltaa viettäneiden saksalaisnuorukaisten joukkioon. Kansojen kollektiiviset teot hyökyvät vastaan sukupolvienkin takaa. Näitä tuntemuksia saksalaisnuoretkin matkoillaan läpikäyvät, ja se on nykyajan Grand Tourin nöyrä ulottuvuus. Jos yksilö haluaa laajentaa elämän näköaloja laajasti aikavektorin eri ilmansuuntiin, on ylitettävä ajatusten kivuliaat rantatöyräät. Initiaatio saattaa jopa vaatia Veikselin virtauksessa kelluvan lauttavessan lattialla makoilun.

Kapuan yläpetille, ja kuulen kun Urda jo hengittää vuoteessaan raskaasti. Hytissä on viileää ja kosteaa. Aldona tuntuu syvällä kelluvalta kylmäkaapilta Veikselin virtauksessa.

2.

Hieman levättyämme astellaan ympäri kaupunkia ja jahdataan matkasekkejä. Aika tuntuu hupenevan erilaisten lappusten perässä juostessa. Matkatoimistossa varataan majoitus Krakovaan. Kuljetaan pitkin Krakowskie Przedmieście -katua, Varsovan paraativäylää, jonka varrella komeilee vieri vieressä kauppoja, kahviloita, yliopisto, kirkkoja, palatseja ja muita hallintorakennuksia.

Varsova on tyylien ja tilanteiden sekamelska, brutaalilla tavalla elinvoimainen. Se on sekoitus huvipuistoa ja elokuva-

50

lavastetta. Täällä liikkuessaan ymmärtää kuka on tarinan päähenkilö, sillä kaupunki ottaa roolinsa voimalla ja on valmis murskaamaan odotukset ja unelmat. Varsova pitää siitä, että ihmiset liikkuvat kaduilla levottomana verenkiertona ja yrittää puristaa jalkakäytäviltään pois kaltaisemme huijarit, jotka koittavat hämätä kaupungin immuunipuolustusta.

Vastaantuleva nuorukainen kysyy Urdalta kellonaikaa puolaksi. Ehkä tyttö käy paikallisesta punaisessa huivissaan ja farkuissaan. Selässä on vanha repunrähjä. Moinen sotisopa ei massasta erotu.

Sulaudumme mieluusti väkijoukkoihin, uuden kaupungin ja kulttuurin rytmiin, koska kaikki tuntuu sillä tavoin sujuvammalta. Välillä tunnemme houkutusta heittäytyä turisteiksi, koska se periaatteessa selkiinnyttää paikallisten ja matkaajien välisiä pelisääntöjä. Varsovassa ja Baltian maissa näin ei ole, sillä nykyaikaisen turismin rooli on niissä edelleen olematon.

Paikalliseen elämänmenoon sopeutuminen on mahdotonta muutaman päivän tai viikon kestävän vierailun aikana. Kaupunkielämän aikaulottuvuus on yksisuuntainen väylä; muukalainen voi pujahtaa mukaan kävelijöiden virtaan sivukadulta, mutta tällöin rakennusten julkisivut kertovat hänelle eri tarinaa kuin paikallisille.

Kiinnitämme huomiota uuteen ympäristöön kykyjemme mukaan, tuttuihin merkkeihin kaduilla, valomainoksiin ja markettien tuotteisiin, ihmisten käytökseen, pukeutumiseen ja liikenteen sujumiseen.

Matkaaminen on roolin valitsemista, valheen ja totuuden väliin asettumista. Se on matkakengät jalkaansa kiskoneen olennon kevyttä identiteettikriisiä; olemme etuoikeutetussa välitilassa, ja on tunnettava vastuunsa niitä ihmisiä kohtaan, jotka arjessaan tätä kaupunkia elävät.

Matkaajan vapaus on siinä, että roolinsa voi vapaasti valita. Voi yrittää muuttua joksikin tai luopua teeskentelystä, olla vain oma itsensä ja katsoa mihin se riittää.

Varsovan vanhankaupungin toria, Rynek Starego Miastaa, reunustavat kapeat barokkia ja renessanssia jäljittelevät kivitalot, jotka valmistuivat 1950-luvun alussa. Juuri mitään vanhaa täällä ei ole, sillä Varsova ja sen vanha kaupunki tuhoutuivat lähes kokonaan toisen maailmansodan tulimyrskyssä. Stare Miaston saksalaiset räjäyttivät talo talolta vuoden 1944 kansannousun jälkeen. Varsovan asukkaat olivat ryhtyneet pitkän miehitysjakson jälkeen kaupungin vapautusyritykseen, jonka epäonnistuttua saksalaisten kosto oli tuhoisa. Sen saivat kokea ihmiset ja seinät yhtä lailla.

Kuninkaanlinnan seiniin porattiin räjähdysaineita ja kaupunkilaiset pelastivat sen kammioista öisin mitä pystyivät, kantoivat tauluja ja aarteita suojaan ennen räjäytystä. Kaikkiaan pelastettiin yli kymmenentuhatta osaa ja fragmenttia – ovipaneeleja, marmoritakkoja, pylväitä, parketteja ja kaistaleita seinämaalauksista. Kun linna lopulta sodan jälkeen päätettiin rekonstruoida, oli rakentajilla edessään aikamoinen palapeli.

Lähellä Varsovaa kansannousun aikaan olleet neuvostojoukot eivät rientäneet puolalaisia auttamaan vaan sammuttivat panssarivaununsa ja asettuivat odottelemaan kaupungin ulkopuolelle. Eivät he slaaviserkkujaan näiden tuhon hetkellä säälineet.

Kaupungin kohtalo oli kova. Vanhaan kaupunkiin saksalaiset hyökkäsivät apunaan Tiger-tankkeja, pommikoneita, liekin- ja kranaatinheittimiä, sekä panssarijunien tykkejä. Seinät romahtelivat ja talot luhistuivat kasaan, pommit räjähtelivät ja konekiväärit nakuttivat.

Neuvostojoukot tulivat vapauttamaan murhatun kaupungin vasta, kun Himmlerin pommittajat olivat tuhonneet viimeisetkin kohteet ja pölypilvi raunioiden ylle laskeutunut.

3.

Edellisenä päivänä huomasin Pyhän ristin kirkon edessä, Krakowskie Przedmieściellä, tummiin pukeutuneen vanhan naisen, joka kerjäsi kumaraisena, kädessään risti ja lohkeillut kellertävä kuppi. Kun vaelletaan nyt uudelleen muorin ohi, hän on kumartunut lisää ja taittunut keskeltä kuin painovoima kiskoisi häntä päivä päivältä lujemmin puoleensa. Juodaan Żywiec-tuopilliset vanhankaupungin torilla. Rakennusten julkisivut pehmenevät, ja Varsovakin tuntuu hetken inhimilliseltä. Hoiputaan käsikkäin ohi bussinkatolla linnan edessä esiintyvän teatteriseurueen. Aurinko laskee ja pilvet hehkuvat punertavina. Varsova näyttää punaposkiselta äiti-Puolalta.

Kun palataan Krakowskie Przedmieścieta pitkin ruokaostoksille, laskeudutaan arkitodellisuuteen. Ohitetaan Pyhän ristin kirkon edessä sama kerjäläismuori, joka nyt on vajonnut polvilleen ja kyynärpäät painuneet asvalttiin; enää muutama sentti niin hän on maassa pitkin pituuttaan. Olutvaahto on vielä huulillamme, kun pudotamme kolikon kuppiin. Nainen lausuu jotain mikä kuulostaa rukoukselta, mutta tuijottaa katukivetystä.

Sodan päätyttyä Puolasta tuli kansantasavalta, neuvosto-mielinen kommunistivaltio. Maassa pohdittiin pitäisikö kivi-pelloksi muuttunut entinen miljoonan asukkaan Varsova jät-tää rauniopuistoksi, joka muistuttaisi hirvittävästä sodasta. Väki alkoi kuitenkin palaamaan takaisin, tiilikasoja raivattiin. Kun kaupunki tuhottunakin veti asukkaita puoleensa, päätti Puolan kommunistihallinto Stalinin tuella, että Varsovan on synnyttävä uudelleen. Käynnistyi valtava, mutta ripeä jälleenrakennustyö. Tiiliä tuotiin kaupunkiin Wrocławista ja Szczecinistä. Vähillä re-sursseilla saatiin aikaan paljon. Raunioita oli liikaa, eikä ki-viainesta pystytty viemään pois, joten siitä keksittiin muokata kivibetonia jälleenrakentamiseen.

Osia Varsovasta päätettiin rekonstruoida, mutta kommu-nistihallinto ei halunnut palauttaa kaupunkia sotaa edeltä-neeseen asuun. 1800-luvun uusgoottilaiset muutokset raken-nuksissa eivät kelvanneet, sillä ne henkivät englantilaisuutta ja kosmopoliittisuutta. Puhtaimpana vaihtoehtona hallinto piti 1700-luvun puoliväliä, jonka koettiin olevan vapaa kapi-talismin myöhemmistä rappiovaikutuksista.

Kuninkaanlinna sai odotella kivikasana parikymmentä vuotta. Vasta kun solidaarisuusliikkeen Gdańskin telakalla synnyttämät levottomuudet aiheuttivat huolta kommunisti-hallinnossa 1970-luvulla, päätettiin kansalaisille tarjota lisää viihdettä ja kulttuuria. Niinpä kuninkaanlinnaakin ryhdyttiin palauttamaan vanhalle tontilleen.

Kaupungin vanhojen osien rekonstruoinnissa käytettiin apuna valokuvia, karttoja, piirustuksia ja asiakirjoja. Asuk-kailta kerättiin tietoa ja muistoja. Käytössä olevia resursseja hyödynnettiin tehokkaasti, ja niiden avulla monet talot kohoavat nyt julkisivuiltaan entisen kaltaisina. Osa taloista on toki pelkkää pastissia. Vanhat porvaristalot eivät enää kommunistien Varsovassa nousseet kauppiaita varten, vaan niistä tuli tavallisten kaupunkilaisten vuokrataloja, joissa huomioitiin uuden ajan tarpeet, kuten pihat ja modernit sisätilat.

Rekonstruoinnissa käytettiin apuna pariakymmentä valokuvantarkkaa panoraamamaalausta. Nämä 1700-luvun massiiviset maalaukset, monet yli kahdeksan jalkaa leveitä, olivat venetsialaisen Bernardo Bellotton pikkutarkkoja taidonnäytteitä. Ne säästyivät tuholta, koska saksalaiset varastivat teokset ja siirsivät ne turvaan Varsovasta. Sodan jälkeen maalaukset palautettiin Puolaan, ja niitä käytettiin erityisesti vanhan kaupungin ja Kuninkaallisen reitin, Trakt Królewskin, kohteiden restauroinnissa. Reitti alkaa Varsovan linnalta ja viettää etelään pitkin Krakowskie Przedmieście -katua. Täysin Bellotton maalauksen pohjalta rekonstruoitiin esimerkiksi 1600-luvulla alun perin rakennettu Pyhän Casimirin kirkko.

Canaletto-nimelläkin tunnettu Bellotto oli myöhäisimmässä luomisvaiheessaan Puolan viimeisen kuninkaan Stanislaus II August Poniatowskin hovimaalari. Bellotto oli kaupunkinäkymien tallentaja eli vedutista ja ikuisti arkkitehtuuria Dresdenissä, Varsovassa, Wienissä ja monessa muussa eurooppalaisessa kaupungissa. Hänet tunnettiin erityisesti tarkoista ja taidokkaista Dresdenin kaupunkinäkymistään.

Bellotto suhtautui pakkomielteenomaisesti arkkitehtonisiin yksityiskohtiin ja perspektiiviin. Hän hyödynsi camera obscura -tekniikkaa, jossa valonsäteet kulkevat pienen reiän läpi, hajoavat ja projisoituvat huoneen vastakkaiselle seinälle tai taiteilijan kankaan pinnalle. Näin syntyy ylösalaisin oleva peilikuva, jonka avulla taiteilija voi tallentaa kohteestaan tarkat mittasuhteet ja yksityiskohdat. Bellotton perusteellisuuden vuoksi monet rakennukset kyettiin Varsovan rekonstruoinnissa loihtimaan esiin lähes tiilen tarkkuudella.

Yksityiskohtaisuudestaan huolimatta Bellotton työt eivät ole täysin autenttinen totuus 1700-luvun Varsovasta. Artisti soi itselleen taiteilijan vapauksia, paranteli maisemia, kaunisteli jättömaita ja teki muutoksia rakennuksiin, joista saattoi kadota kerros ja ikkunarivistö. Ne olivat taiteilijan kompromisseja.

Miodowa-kadun Branickin palatsin julkisivuun Bellotto lisäsi veistoksia, jotka keksi omasta päästään. 1950-luvulla ne kopioitiin uskollisesti hänen teoksestaan osaksi uutta Varsovaa. Yksi näistä kopioiduista hahmoista, banaania pitelevä apina, kertoo Bellotton huumorintajusta, mutta myös tällaisen rekonstruoinnin ongelmista.

Rakennukset saattavat kulkea pitkän tien etsiessään lopullista muotoaan. Notre Damen katedraali, ranskalaisten kansallispyhättö Pariisissa, on tästä esimerkki. Voi kuvitella, että on vaikeaa päättää mikä vaihe sen pitkästä historiasta nostetaan näkyväksi nykyaikaan ja nimetään päätepisteeksi, jossa rakennusta voidaan sanoa valmiiksi. Katedraalia rakennettiin 1100-luvulta alkaen kahdensadan vuoden ajan. Myöhemmin, kun goottilainen tyyli ei enää ollut muodissa, rakennusta muunneltiin vielä useaan otteeseen.

Kun pyhättö lopulta oli rappiolla ja purku-uhan alainen 1800-luvulla, arkkitehti Viollet Le Ducin tehtäväksi jäi löytää sen potentiaali ja saattaa teos valmiiksi. Hän nosti lähtökohdaksi alkuperäisen goottilaisen arkkitehtuurin, muokkasi ja täydensi rakennusvanhusta, viimeisteli ranskalaisen sieluntilan, joka oli hakenut muotoaan seitsemänsadan vuoden ajan.

Katedraalin vahvistamisen ja monien muiden muutostöiden lisäksi Le Duc istutti katonrajaan Bellotton tavoin veistoksia omasta päästään. Nyt nämä Notre Damen gargoilit ja kimerat, kiviset fantasiahahmot, ovat maailmankuuluja, yksi Pariisin tunnusmerkeistä.

Bellotton ja Varsovan vuorovaikutus on fantastista samaan tapaan kuin Notre Damen ja Le Ducin. Todellisuus siirtyi Bellotton teoksissa formaatista toiseen. Rakennuskivi muuttui pellavakankaaksi ja takaisin. Taiteilija loi varmuuskopion kaupungista, ja Varsovasta tuli lopulta hänen betoninen teoksensa. Rakennukset eivät ole kovin vanhoja, mutta sijaitsevat entisillä paikoillaan, itseään esittävistä kuvista kopioituina, turistien ihailevien silmien edessä.

Varsovalaisille luotiin aikakone, jolla heidät siirrettiin kaupungin tuhoa edeltävään aikaan. Aikakoneen poliittisen vian vuoksi ajoitus tosin lipsahti sotaa edeltäneistä vuosista lähes kaksisataa vuotta kauemmas.

4.

Aamulla ollaan kylmettyneitä ja kankeita Veikselin viileässä virtauksessa vietetyn yön jälkeen. Syödään sämpylöitä, ja hierotaan kohmettuneita jäseniämme. Kun saadaan veri kiertämään, astellaan maan kamaralle ja etsitään ulospääsyä vilkkaan infrastruktuurin solmuksi puristamalta joenrannalta.

Joudutaan heti pulaan. Päädytään vilkkaan Aleje Jerozolimskien betoniselle kävelysillalle, joka viettää korkealle maanpinnan yläpuolelle. Ajokaistat ja liittymät aaltoilevat ympärillämme kuin tulvien rantapenkereelle työntämä musta bitumihiekka. Lyijy löyhkää, kun autojonot viuhuvat ohitsemme. Etsitään reittiä alas ihmisten pariin.

Kun kävelysilta päättyy, alkaa pankin ja matkatoimiston etsiminen. Niitä tähyillessä unohtuu syöminen, eivätkä komeat palatsit paljon lämmitä, vaan ohi mennään vauhdilla.

Yritetään löytää suttuinen toimisto, jossa tympeän oloinen asiakaspalvelija tekisi tarvittavat byrokraattiset rutiinit, työntäisi meille pleksin alta dokumenttimme, jotta päivä voi jatkua.

Keskustellaan lyhyesti vanhan herran kanssa, joka raapustaa Varsovan linnasta hiilipiirustusta polviensa päällä olevaan lehtiöön. Hän istuu retkituolilla linnan edustan torilla, turistien keskellä, ja tervehtii meitä. Kun mainitsen hänelle linnan tuhosta toisessa maailmansodassa, mies tuhahtaa.

"Varsova sijaitsee eurooppalaisessa tienristeyksessä", hän sanoo suhisevalla englannilla. "Joku rosvojoukko tänne tulee aina tekemään tuhojaan."

Mies osoittaa linnaa hiilellä. "Tämä linna tuhottiin jo Pommerin sodan aikana 1600-luvulla. Ruotsalaisjoukot varastivat huonekalut, veistokset, taulut ja lattiat. Vielä 1700-luvullakin ruotsalaiset olivat täällä riehumassa ja käyttivät linnaa hevostallina."

Todetaan miehelle, että kun nykyajan ruotsalaisia katselee, niin eipä uskoisi heidän niin monia sotia käyneen ja tihutöitä aikoinaan harrastaneen.

Mies vetäisee pari viivaa vihkoonsa. "Painakaa kaikki tarkasti mieleenne ja katselkaa ympärillenne", hän sanoo. "Saattaa olla, että kun tulette tänne seuraavan kerran, lattiat ja seinät on taas viety."

Hyvästellään herrasmies ja jatketaan matkaa kohti valtaisaa Piłsudski-aukiota, joka on vaikuttava autiudessaan ja karuudessaan. Poissa on sodan runtelema saksilainen palatsi, mutta puutarha sentään kukoistaa tuntemattoman sotilaan haudan takana.

Ajatukseni viipyilevät Varsovassa ja Baltiassa, enkä enää ajattele kotimaata. Uskottelen itselleni, etten kaipaa sieltä mitään. Entisen tilalle on astunut kaupunkien virta ja loputon liike uusille kaduille, ikuisen elämän hallusinaatio. Ihmisessä on kotiseutujen maalailemaa pinnoitetta, joka yllättävän nopeasti rapisee pois uusissa olosuhteissa. Matkalla vastaan tulevat kaupungit taivuttavat ihmisen pyöreäreunaiseksi, pinnalta kovaksi ja sisältä nöyräksi. On opittava kiittämään kaupunkeja siitä, että ne tarjoavat ruokakaupat, unien huoneet ja pesutilat, sekä kannattelevat meitä betonisilla käsivarsillaan päivästä toiseen.

Kaupunkielämä on oikeutta hyödyntää valmiin ruutukaavan luomaa arjen karttaa ja päivän rakennetta, oikeutta eksyä ja tulla löydetyksi, altistua yllätyksille. Inhimillisten kertomusten ja kohtaloiden sijaan todellinen tarina on kaupunki itse.

Tähyillään LIM-keskusta, Varsovan vanhimpiin kuuluvaa nykyaikaista pilvenpiirtäjää. 43-kerroksinen rakennus on julkisivultaan pelkkää lasia, ja siinä toimii maan tasolla kauppakeskus, ylempänä toimistoja ja hotelli. Kommunismin kaatumisen jälkeen Varsovaan nousseet muutamat pilvenpiirtäjät saavat miettimään, miten nämä maankuoren neulat onnistuvat leviämään kaikkialle.

Ensimmäinen moderni pilvenpiirtäjä rakennettiin Chicagossa, kun teräsrunkoinen *Home Insurance Building* nousi mittaansa 1880-luvulla. Syntymän ihmeen mahdollisti hissin keksiminen. New Yorkissa seurattiin nopeasti Chicagon esimerkkiä, korkeuksiin rakentaminen popularisoitiin ja pilvenpiirtäjistä tuli kuuluisia. Teräsbetonin vertikaaliseen liikakasvuun johtanut geneettinen mutaatio oli päässyt irti. Pilviin kurkottelevilla rakennuksilla on siittäjänsä, ja kaupungit ovat sukua toisilleen. Ideoiden jälkikasvuna uudet pilvenpiirtäjät muodostavat lasisten palatsien dynastioita. Metropolit matkivat toisiaan, betonimyllyt rutisevat ja ideat monistuvat katujen varsille. Vaikutusvaltaiset kaupungit jakavat menestyksen ja kasvun kaksoiskierrettään ympäri maankamaran. Rakennusten evoluutio tapahtuu kaikkialla ympärillämme.

Hudson-joen suulla kohoavalla uudella Roomalla on paljon jäljittelijöitä, jotka tavoittelevat samaa ajatonta korkeutta ja kirkkautta. Saamme kaupunkeihin sateisia ja välkkyviä katukuiluja, teräksisiä rotkoja, joiden syvänteissä ihmishiekka kieppuu ajan pyörteissä.

Varsovalle tällainen esikuva sopii hyvin, sillä äskettäin raunioiden päälle rakennetussa kaupungissa on laajalti ilmatilaa, joka rakastaa Manhattania.

5.

Hiivitään aamulla kapyysin sohvalla täysissä pukeissa torkkuvan vastaanottotyöntekijän ohi. Nainen nostaa päätään ja mumisee jotakin. Pöydällä hänen vieressään lojuu tyhjiä punaviinilaseja.

Aamu näyttää sateiselta. Aldonalla yönsä viettäneet kaksi poikaa ja tyttö valmistautuvat joenpenkereellä jatkamaan pyöräilymatkaansa. Reput, teltat ja nyytit pursuavat tara-koista painavana taakkana. Tyttö yskii ja kuulostaa vilustu-neelta. En kadehdi näitä nuoria, sillä polkeminen sateessa vilkkailla ja kuoppaisilla Itä-Euroopan teillä kysyy kovia her-moja ja luottamusta hyvään onneen. Harhaillaan kohti vanhaa kaupunkia. Väistellään keskus-tan kiireisiä kulkijoita. Varsovalaiset tönivät ja tuuppivat, käyttävät sateenvarjoja aseinaan ruuhkissa. Ihmiset ovat niin epäystävällisiä ja töykeitä, että se on melkein huvittavaa. Ei täällä tule mieleen jäädä seisoskelemaan risteyksiin karttoja levitellen. On parempi vaan marssia eteenpäin määrätietoisen näköisenä, kulkea virran mukana ja ihmetellä myöhemmin, minne on päätynyt. Nowy Świat -katu tuntuu loputtomalta. Nimi tarkoittaa uutta maailmaa, sillä alue erottui 1600-luvulla tyyliltään van-hasta kaupungista. Nyt katu on kuin Veikselin sivuhaara, jossa ihmisaaltojen vyöryt pauhaavat toisiaan vasten. Talot kulkevat kadun molemmin puolin muureina, ja näyttää kuin tuo kaikki olisi samaa loputonta rakennusta, jonka taloiksi naamioidut kaistaleet on erotettu toisistaan värein.

Päivän päätteeksi istutaan taas vanhankaupungin torilla, jossa näkyy vain muutamia turistiperheitä. Silmäillään ympä-rillämme leviävää talokehää, ja muistelen lukeneeni, että jo-kin rakennuksista olisi selvinnyt muita paremmin natsien tu-hotyöstä. En kuitenkaan ole asiasta aivan varma, enkä erota julkisivujen rivistöstä mitään poikkeavaa. Kaikki seinät näyt-tävät suoraviivaisilta ja vuosien tuoma patina puuttuu. Ikku-nanpuitteet ovat lähes pohjoismaisia. Kattorakenteissa on toistuvuutta, joka tuntuu pintapuoliselta tulkinnalta menneis-syydestä.

Jotkut torin taloista näyttävät hyväkuntoisine seinineen pelkiltä kulisseilta, joiden voisi kuvitella kaatuvan tönäisemällä. Rakennukset seisovat kuitenkin jämäkästi paikoillaan. Niiden nurkissa on katua kohden leveneviä tukimuureja kuin jättiläinen olisi käynyt potkimassa kivipytinkien nilkat turvoksiin. Kierrellään kapeita kujia. Ulica Świętojańska -kadulla oranssin vuokratalon seinässä on koristeellinen reliefimäinen stukkofriisi. Sen aiheella ei ole mitään tekemistä 1700-luvun kanssa, vaan kohokuviot esittävät pyöreäposkisia poikia, puttoja, rekonstruoimassa Varsovaa.

Freta-kadun taloriviston seinien maali on lohkeillut ja pinnat kuluneita, joten rakennukset näyttävät jo vanhoilta. Ovikaaret ovat pääosin samankaltaisia vain pienin variaatioin. Sama koskee erilaisia ikkunamalleja ja kivijalkoja. Eri versioita sopivasti vuorottelemalla on luotu vaikutelmaa talojen yksilöllisyydestä.

Jos kaupunkikokemuksen funktiosta jää pois aika, on lopputulos yksiulotteinen ja keskustelee menneisyyden kanssa vain pinnallisesti. Osa aidosti vanhojen rakennusten ominaisuuksista on mystisiä ja hiljaisia, piilossa pysytteleviä. Talot hivelevät kaupunkia näennäisen huomaamattomasti, rakastavat ihmisiä ja kadunreunoja. Kuluneista seinistä säteilee historian avaruutta luovaa tunnetta ja tilapitoisuutta.

Varsovan tuho ja uudelleensyntyminen ovat olleet itseään toistava sykli. Vuosisatojen aikana puolalaiset ovat moneen kertaan menettäneet pääkaupunkinsa, mutta ottaneet sen aina takaisin.

Täällä voi ajatella, että rakennukset vain poistuivat hetkiseksi kartalta ja palasivat kiireesti takaisin. Jokainen viiva ja muoto on vedetty uudelleen, luotu raunioille. Kaupungin tuho on vahvasti läsnä uudelleen muovailtuna, synkimmät hetket tallennettu jokaiseen julkisivuun.

Usein kuulee sanottavan, että vanhojen rakennusten arvo on iässä ja patinassa; seiniin ja huoneisiin on tallentunut historiaa ja tarinoita, rakennuksissa ja kaupungeissa on kerroksellisuutta.

Sellaista ei Varsovasta löydä, mutta kun vanhaa kaupunkia katselee, voi olettaa, että monen historiallisen rakennuksen varjo lankeaa iltaisin kaduille melko samalla tavalla kuin teki jo satoja vuosia sitten. Se on aika hyvin sodassa kivipelloksi tuhotulta kaupungilta.

TORI MUOKKAA VÄKENSÄ

Pysähdytään navetan näköisen nuhjuisen rakennuksen eteen. Tivaan kuljettajalta, onko tämä todellakin Krakova, kuninkaiden kaupunki Vähä-Puolan voivodikunnassa, mutta hän vain heiluttelee käsiään. Väki kuitenkin soljuu ulos bussista, joten päätellään, että tänne on jäätävä.

Kun laskeudutaan bussista, ollaan taas kuin vastasyntyneet – avuttomia pelottavassa maailmassa. Tapahtuu sama kuin jokaisessa uudessa kaupungissa: napanuora katkeaa terävästi napsahtaen bussin oven kolahtaessa kiinni, keuhkot täyttyvät refleksinomaisesti hapella, ja on opittava pyytämään ravintoa, lämpöä ja huolenpitoa tuntemattomalta kaupungilta.

Majoitutaan opiskelijahotelli Piastiin, joka sijaitsee kaupungin länsipuolella, etäällä keskustasta, rehevien jalavien ja tammien keskellä. Peltomainen alue kesähotellin ympärillä on kuin asuntoloita kasvava betonielementtipesä, jonne kesäkurssilaiset ja rinkkaturistit pörräävät sulattelemaan kokemustensa hunajaa.

Piastissa vallitsee touhukas ja kansainvälinen tunnelma. Kielikurssilaiset roikkuvat puhelimessa, lörpöttelevät ja ravaavat ympäriinsä. Käytävillä kuulee naurua, puhetta ja iloisia huudahduksia. Ilmoitustauluja on ympäriinsä ja niihin on kiinnitetty mainoksia kesäretkistä Wieliczkan suolakaivokseen ja keskitysleireille.

Ajetaan iltapäivällä ratikalla keskustaan, ja kierrellään vanhaa kaupunkia, joka muistuttaa sateessa maatuvaa tummankeltaista puunlehteä. Kadut ovat kosteita ja liukkaita, puistot ja puut aromikkaita. Sade on piiskannut talot tummasävyisiksi ja raskaiksi.

Urda yrittää pysytellä vaatimattoman sateenvarjomme suojissa, mutta hänen hiuksensa kastuvat, eikä silmiä enää näy pisaroiden täplittämien silmälasien läpi. Talutan häntä ympäri kaupunkia kuin sokeaa.

Ajelehditaan kohti Krakovan vanhankaupungin valtavaa toria Rynek Głównya, joka on katujen kaoottinen suvanto ja kieputtaa väkeä pyörteisesti kauppahallin ympärillä. Turistit laahustavat laakeaa toria verkkaisesti kuin taidenäyttelyssä. Kapeiden kivitalojen rivistöt kehystävät aukiota, ja niiden välissä kohoaa goottilainen Mariankirkko. Turistit kuvaavat sen kahta eripituista tornia märissä hellehatuissaan.

Kauppapaikka täällä on ollut jo Bysantin ajoista saakka. Rynek Główny jatkaa tätä perintöä, ja sen kytkökset ympäröivään maailmaan ovat lujat. Tori on kaupungin itsetietoinen sydän, joka suodattaa turismia aamusta iltaan ja vuosisadasta toiseen.

Keskellä aukiota leviää hallitsevana kauppahalli Sukiennice, joka on Puolaan eksynyt valtava renessanssityylinen palanen italiaa. Sen kylkiä koristavilla holvikaarikäytävillä käy kova liikenne, kun väki pujahtelee suojaan sadekuuroja. Tehdään samoin, ja kuivatellaan hiuksiamme turisteille myytävän rihkaman, meripihkakorujen, keramiikan ja vaatteiden keskellä. Etsitään myyntikojujen pitkistä rivistöistä Urdalle villapaitaa, jotain lämmintä, mutta kaikki on kovin kallista, joten kaupat jäävät syntymättä.

Kun astellaan ulos torille, ryntää resuiseen kaapuun pukeutunut pitkähiuksinen nuorimies meitä kohti ja ojentaa Urdalle pensaasta nyhtäistyn heinänkorren. Mies näyttää apostolilta, ja hämmentynyt Urda ottaa vastaan pyhän miehen lahjan. Tämä kääntyy puoleeni, ojentaa kämmenensä ja odottaa palkkiota. Pyydän Urdaa palauttamaan heinän, ja mies poistuu tyytymättömän näköisenä korsi kädessään. Astellaan välikohtauksen jälkeen haikeina läpi torin. Tämä ei ole mikään huviretki. Edes yhtä heinänkortta ei Urda saa rintapielukseensa.

2.

Aamulla sade on tauonnut ja aurinko pilkistelee vanhojen kivitalojen yllä. Rakennusten värit puhkeavat loistoon. Kaduilla näkee tiilenpunaista ja punaruskeaa, keltaisen eri sävyjä, oranssia lämpimästä persikkaan, vihreää ja syvänmerensinistä. Seinissä on freskoja, koristekaiverruksia, reliefejä, koristepäätyjä ja kohokuvioita. Julkisivujen upotuksissa seisoo pieniä kuvapatsaita, joista monet esittävät pyhimyksiä.

Krakovan kesä näyttää viehättävältä, mutta bussiasemalta mukaan sieppaamani ilmaislehti paljastaa, että talvisin taivaalle kertyy tummia pilviä. Kaupunki on jo pitkään kärsinyt ilmansaasteista, joista osan ryöpyttää taivaalle Sendzimirin terästehdas, joka sijaitsee keskustan itäpuolella Nowa Hutan kaupunginosassa. Talvella syypäitä ovat asukkaat, sillä eniten saastuttavat tavallisten asuntojen lämmitysuunit, joihin tungetaan surutta huonolaatuista kivihiiltä, muovia ja roskia.

Kaupunkia marinoi myrkyllinen keitos, jonka osasia ovat pienhiukkaset ja erilaiset yhdisteet, typpidioksidi, lyijy ja häkä. Viranomaiset pyrkivät laajentamaan kaupungin sähkölämmitysverkkoa, jotta ongelma helpottaisi, mutta projekti etenee heikosti.

Kaupungin kolmas saastuttaja on Łaziska Górnen kivihiilialue Ylä-Sleesiassa. Sieltä myrkyt soljuvat tänne tuulten mukana ja jumittuvat vähätuuliseen Krakovan laaksoon, josta niillä ei ole ulospääsyä.

Maleksitaan Rynek Głównyllä. Talojen edustoilla seisoo soittajia ja rinkkamatkaajat löhöilevät väsyneenä rykelmänä säkkiensä päällä. Miimikot jököttävät paikoillaan ja hupsuttavat kakaroita. Huivipäiset muorit pakkaavat kojuillaan kullanruskeiksi paistettuja, suolaisia ja ohutkuorisia Krakovan rinkeleitä muovipusseihin ohikulkijoille. Terassien lounastajia hanuri käsissään tähyilevällä romanipojalla on päässään McDonald'sin aurinkolippa.

Päädytään Kazimierziin, vanhaan juutalaiskaupunginosaan, joka ei ole kovin kaukana Rynek Głównylta. Löydetään tummiksi parkkiintuneiden talojen keskeltä pieni tori, jonka myyntipöydillä näyttää olevan vain salaattia ja pieniä radioita. Tupakansavua tuprahtelee joka puolelta. Talojen väliset kujat ovat roskaisia loukkoja ja kaupat painaumia seinissä. Kulmakunnan väki näyttää köyhältä.

Juutalaisyhteisöä täällä ei enää ole. Krakovan ja Kazimierzin rakennukset selvisivät toisesta maailmansodasta hämmästyttävän vähäisin vaurioin, mutta juutalaisten kohtalo oli yhtä kurja kaikkialla.

Urda löytää intianbasaarin. Tuloksettoman kauppakierroksen jälkeen jatketaan kiertelyä alueella. Kumarassa kulkeva, mutta roteva nahkatakkimies seuraa meitä sinnikkäästi, vaikka pujahdellaan kadunkulmista satunnaisiin suuntiin. Kokeillaan kahtiajakautumisen taktiikkaa, jossa Urda siirtyy kadun toiselle puolelle. Mies menettää mielenkiintonsa touhuihimme ja katoaa pieneen ruokakauppaan.

Puolipilvinen sää muuttuu tihkusateeksi. Palataan Rynek Głównylle ja etsitään paikkaa, jossa voitaisiin kuivatella vaatteitamme. Kauppahallin vieressä torilla kohoaa yksinäisenä kivipiikkinä Wieża Ratuszowa, goottilainen torni. Se näyttää paksulta keihäältä, joka on lävistänyt Krakovan kivisen torikilven. Torni jäi torin orpolapseksi 1800-luvulla, kun sen ympäriltä purettiin 1300-luvun kaupungintalo toriaukion laajentamiseksi. Hanke onnistui, sillä nykyään Rynek Główny on yksi Euroopan suurimmista toreista.

Kun vaelletaan lähikortteleissa, huomataan Florianska-kadun kulmassa Pub u Freda -baari, jonka korkeat kaari-ikkunat houkuttelevat astumaan sisään. Ostetaan Żywiec-tuopilliset ja istutaan ikkunapöytään. Tarjoilija käyttelee tiskin takana levysoitinta, siirtelee kaljasammioita ja asettelee laseja telineisiin. Pehmeästi jatsahtava musiikki soi. Katsellaan kun ihmiset rientävät ohi kadulla.

Urda pohtii kotiinpaluutamme. Hän haluaa Suomeen heinäkuun viimeisen lauantain illaksi, koska meillä tuolloin on saunavuoro taloyhtiömme kellarissa Helsingissä.

Olen yllättynyt, sillä en välittäisi ajatella koko asiaa. Urda on piirtänyt matkallemme loppupisteen mentaaliseen karttaansa. Missä tahansa matkamme aikana käymmekin, lopussa odottavat hämärä koppi ja kuuma höyry.

Keskustellaan taloistakin. Urdan mielestä on hieman kummallista, miten paljon rappioituneet ja kadonneet talot minua kiinnostavat. Hän väittää, että olen rappioromantikko, auringossa haalistuneiden rakennusten ihailija. "Se on mieltymystä dekadenttiin estetiikkaan", hän pohtii.

Urda on ehkä oikeilla jäljillä, mutta yritän selittää asian parhain päin. Mielestäni rapistunut Riika on dokumentti yhdestä aikakaudesta tai enemmänkin aikakausien kerrostumasta. Se on väliaikainen tila, jossa lepää päällimmäisenä sosialismin rosoinen pinta. Se on kiinnostavaa. Taloilla ja kaupungilla on tarina kerrottavanaan.

En halua tunnustaa, että olisin kiintynyt rappioon, joka jäytää paikallisten arkea päivästä toiseen. Tuntuu kohtuuttomalta ajatukselta, että homeiset seinät, hautausmaat ja kerjäläiset tarjoaisivat matkaajalle jännittävän kokemuksen, jonka nautittuaan voi vetäytyä hotellihuoneeseen naukkailemaan punaviiniä.

Myönnän silti, etten ole täysin viaton, sillä näkymätön houkuttelee. Krakovan ilmeisen upea italialaistyylinen kauppahalli Sukiennice ei tunnu kovin vaikuttavalta, mutta jos se olisi purettu pois, kaikki olisi toisin. Luultavasti etsisin tietoa sen ulkoasusta ja sijainnista. Katselisin mustavalkokuvia ja mittailisin kulmakivien sijaintia.

Nyt sen sijaan pohdin, miltä tori näytti silloin, kun Wieża Ratuszowan ympärillä vielä oli pullea ja mustavalkokuvien perusteella melko kömpelön näköinen 1300-luvun raatihuone.

Purettu tai tuhoutunut rakennelma ruokkii poissaolollaan mielikuvitusta, saa pohtimaan näkymätöntä, enkä tiedä onko siinä mitään järkeä.

3.

Kun sade aamulla laantuu ja muuttuu tihkuksi, hypätään rai-tiovaunuun ja suunnataan kohti Nowa Hutaa. Se on kiinnos-tava kaupunginosa, joka sijaitsee kahdeksan kilometriä kes-kustasta itään. Alueen nimi tarkoittaa "uutta terästehdasta" ja viittaa alueen massiiviseen tuotantolaitokseen.

Nowa Huta oli Puolan sodanjälkeisen kommunistikauden hanke, jonka tavoite oli nujertaa vanhan Krakovan perin-teikäs älymystö ja sitkeä uskonnollisuus. Krakovan itäpuo-lelle, vanhojen kylien tilalle, nousi työläisten oma utopiakau-punki, joka suunniteltiin ja rakennettiin sosialististen ihantei-den mukaiseksi.

Asukkaiksi pyrittiin siirtämään työläisiä ja maaseudun asukkaita, koska ajateltiin, että heistä saataisiin helpoimmin koulittua sosialistisia kansalaisia. Sydämekseen työläisutopia sai Neuvostoliiton lahjoittaman terästehtaan, jossa taottiin uuteen kaupunkiin nokista ja likaista rytmiä ilman tylsiä tuot-totavoitteita.

Hypätään ratikkaan, joka klonksuttelee pois vanhasta kau-pungista. Turistikeskustan ulkopuolella kasvaa viertoteitä, aaltopeltihalleja ja lähiöitä, ja se on aivan toisenlainen maa-ilma kuin Krakovan turistikeskusta.

Kun saavutaan perille, on ensivaikutelma Varsovan kaltai-nen väljyys. Nowa Hutassa on sosialismin avaruutta, suurten tilojen ja rakenteiden nujertavuutta, jonka keskelle pieni ih-minen voi hiljalleen kadota unohtaen kapinalliset ajatuk-sensa.

Aleja Różin ja Aleja Solidarności varrella kohoaa muu-reina karkeita ja massiivisia kerrostaloja. Kadut ovat pitkiä ja suoria. Talorivistöjen edessä kasvaa tuuheita lehtipuita, jotka kätkevät osan rakennuksista. Kortteleissa vallitsee symmetria, kaikki on loogista ja suoraviivaista. Rakennusten koristelu on niukkaa, mutta viheralueita ja palveluita on paljon. Istutaan hiljaisella keskusaukio Plac Centralnyllä, jonka kävelyväyliä kirjovat värikkäät kukkaistutukset. Jättimäinen Leninin pronssipatsas kaadettiin täältä jo kymmenisen vuotta sitten. Lehdissä on kerrottu Nowa Hutan skinheadien väkivaltaisista hyökkäyksistä ulkomaalaisia vastaan, joten olemme päättäneet, että vierailumme alueella tulee jäämään lyhyeksi. Emme halua koetella onneamme.

Työläisutopian pystyttäminen Nowa Hutaan alkoi sodan jälkeen. Oireita sosialismin ihanteiden toteutuksen ja kaupunkilaisten elämän epätahtisuudesta ilmeni nopeasti. Asuntojen rakentamisessa kiirehdittiin ja hutiloitiin. Tämä johti lukuisiin ongelmiin, kuten huonoon infrastruktuuriin, veden ja lämmön puutteeseen ja rakennusten nopeaan rappeutumiseen. Jäteongelmat ja terästehtaan ilmansaasteet heikensivät asukkaiden terveyttä ja elämänlaatua. Monille asukkaille ideologian tyrkyttäminen oli vierasta, eivätkä sosialistiset arvot tahtoneet upota maaseudulta siirrettyyn väkeen.

Kommunistihallitus ei 1960-luvulla halunnut rakentaa alueelle lainkaan kirkkoa. Tästä seurasi hallituksen ja katolisen kirkon välinen konflikti, joka päättyi siten, että työläiset lopulta saivat kirkkonsa, *Arka Panan*, "Herran arkin". Tämä modernistinen kirkko nousi asukkaiden vastarinnan symboliksi.

1980-luvulla Puolan talous kärsi inflaatiosta, velkaantumisesta ja poliittisesta epävakaudesta. Nowa Hutan asukkaat kohtasivat työttömyyttä ja elintason laskua. Solidaarisuusliike sai alueella vahvan jalansijan. Protestit hallituksen politiikkaa ja huonoja elinoloja vastaan yltyivät.

Kun vielä katolinen kirkko ja puolalaisten oma paavi, Karol Wojtyła, antoivat tukensa solidaarisuusliikkeelle, oli työläisten paratiisi muuttunut happosateiden vaivaamaksi kapinapesäkkeeksi. Uskonto osoittautui lopulta kaikkein järeimmäksi aseeksi taistelussa kommunismia vastaan.

Neuvostoliiton romahdettua ja Puolan saatua itsenäisyyden, elämä Nowa Hutassa ei muuttunut taikaiskusta paremmaksi. Terästehtaan katastrofaalisen huonon kannattavuuden paljastuminen lisäsi pahoinvointia entisestään, ja monet jättivät kaupunginosan. Harmaisiin betonitaloihin jäi asukkaiksi suhteettoman paljon syrjäytyneitä ja eläkeläisiä. Juopottelu ja väkivalta olivat arkipäivää.

Olosuhteet ovat ruokkineet äärioikeiston syntyä. Entisen työläisutopian korttelit ovat nyt köyhyyden, pettymyksen ja vihan tehdas, joka tuottaa kaupunkiin skinhead-ryhmiä. Niiden raivon kohteena ovat ulkomaalaisten lisäksi etenkin juutalaiset ja punkkarit. Joukkotappelut ja häiriköinti keskittyvät jalkapallo-otteluiden ympärille. Kannattajaryhmät muodostavat koalitioita, jotka valvovat alueitaan jengityyliin.

Nowa Huta on kertomus piirustuspöydältä toteutukseen päätyneestä utopiasta, joka nosti esiin sosialistisen järjestelmän ongelmia rujolla tavalla. Työläisten paratiisi päätyi nopeasti ideologian ulkoilmamuseoksi.

Vanha Krakova oli tämän kamppailun selviytyjä. Se nielaisi Nowa Hutan kaupunginosakseen. Sivistyksen ja pitkien perinteiden paksuun kivinahkaan eivät valheet tai villitykset helposti tartu.

4.

Seisoskellaan pienen valkoiseksi kalkitun Pyhän Adalbertin kirkon varjossa Rynek Głównyn kulmassa, lähellä Grodzka-katua. Luulin piskuista rakennusta ensin torivessaksi, mutta se onkin sympaattinen kirkko, yksi Puolan vanhimpia kivirakennuksia. Paikallaan se on jököttänyt jo tuhatkunta vuotta.

Haluaisimme jo hiljalleen jatkaa matkaa, mutta kun astellaan Sindbadin matkatoimistoon ostamaan bussilippuja Budapestiin, vain yksi istumapaikka on enää vapaa. Myyjä tarjoaa viikonlopun jälkeen lähtevää vuoroa, mutta ajankohta tuntuu kaukaiselta ja vaarantaa matkamme aikataulun. Voisimme matkustaa Budapestiin junallakin, mutta olemme suosineet busseja, koska olemme kovasti mieltyneet niiden tunnelmaan ja edullisuuteen.

Jätetään liput vielä ostamatta ja kierrellään toriaukiota matkan jatkoa pohdiskellen. Leluliskot vinkuvat, hevosenlanta löyhkää. Katsellaan kun puuteroitu miimikko tarttuu lapsia leteistä ja irvistelee ohikulkijoille. Tahrainen pieni romanityttö kiskoo kauppakoria pyöräntarakasta ja yrittää siepata jotain ohikulkevan miehen taskusta.

Hieman etäämpänä rastatukkaiset nuorukaiset soittavat bongoja paidattomina. Heidän kätensä liikkuvat vilkkaasti rumpujen kalvoilla, iskevät rytmiä toriväelle. Nuoret rinkkamatkaajat tuijottavat valtavat reput selässään näitä pitkähiuksisia jenkkinomadeja, seisovat soittajien ympärillä puolikaaressa ja notkuvat polvistaan kuin seurakunta. Jotkut lyövät tahtia silmät suljettuina, toiset istuvat rinkkojensa päällä.

Rummuttajat takovat itseään ja seuraajia transsiin, irti kaupungin rytmistä, pois näkyvistä, pois maankuorelta. Nuorten silmät seuraavat kiihkeästi rummuttajia, ja vaikka torinkulma ja lähiseinät kaikuvat rytmeistä, tuntuu hetki sulkeutuneelta. Bongoväki vetäytyy omaan rinnakkaiseen todellisuuteensa.

Entisen kaupunginmuurin paikalla leviävillä puistokaistaleilla lojuu lapsenkasvoisia nuoria naisia ja miehiä. He näyttävät nälkiintyneiltä. Silmät harhailevat haaleina väsymyksestä. Osa matkaajista on venyttänyt reissuaan yli varojensa ja siirtynyt selviytymismoodiin. He kerjäävät puistopolkujen varsilla rääsyisinä ja likaisina.

Katsellaan kun toriaukion yli astelee vaaleaan takkiin ja huopahattuun pukeutunut vanhempi herrasmies, jolla on ryppyiset kasvot ja ystävälliset silmät. Käsissään hänellä on viulu ja jousi. Ukko asettuu seisomaan kauppahallin seinustalle ja laskee hattunsa maahan kolikoita varten, nostaa viulun poskelleen, ja pian aukiolla kaikuu reipas juutalainen klezmer-sävelmä.

Kauppahallin pylväikön edessä kyyhkynen pyristelee torikivetyksen pölyssä. Sen toinen jalka on poikki, kokonaan kadoksissa. Suttuinen lintu kierii maassa ympyrää ehjän koipensa voimin kuin apua pyytäen. Se kuuluu kivikyyhkyjen klaaniin, joka hallitsee Rynek Głównya. Linnut pelmahtelevat valtavina parvina kattojen yllä ja käyskentelevät täplikkäinä mattoina torikivetyksellä. Niille on tarjolla paljon ravintoa, murusia turisteilta, mutta myös suojaisia asuinpaikkoja vanhan kaupungin katoilla.

Ohikulkijat huomaavat kivetyksellä kierivän jalattoman pulun ja hidastavat vauhtiaan, mutta eivät osaa päättää miten siivekkääseen kerjäläiseen pitäisi suhtautua. Muuan ohikulkeva nainen säikähtää linnun huomatessaan, mutta vilkaisee pian ympärilleen kuin häpeäisi reaktiotaan ja jatkaa matkaa kauppakasseineen. Toinen rouva nauttii jäätelötuuttia kauppahallin ikkunalaudalla ja ponnahtaa linnun huomatessaan jaloilleen. Hän murtaa vohvelia tuutistaan ja kiirehtii sitä tarjoamaan.

Muutaman kerran herkkua nokkaistuaan jalkarikko ponnahtaa ilmaan ja lentää ketterästi kattojen yläpuolelle. Samaa lajia taitavat olla täällä kaikki; samanlaisia silmänkääntäjiä. Tori muokkaa väkensä.

5.

Fasismi on myrkkyä, joka leviää toisinaan kulovalkean tavoin. Se pilaa kaupunkien ja kylien ilman, soljuu sisään ikkunoista ja ovista, tarttuu vaatteisiin ja ajatuksiin, sairastuttaa väen.

Joskus fasismin kiviset paukamat leviävät maaseudulle saakka, kun polttouuneja muurataan tuulisille niityille. Sillä tavoin kävi Oświęcimin pikkukaupungin liepeillä Puolassa, lähellä Krakovaa, jonne saksalaiset rakensivat Birkenaun tuhoamisleirin toisen maailmansodan aikana.

Odotellaan Krakovan bussia leirin pysäkillä sunnuntai-iltapäivällä. Farkkujeni lahkeeseen on tarttunut punaista tiilipölyä Auschwitzin ykkösleirin parakeilta. Olen saattanut nojailla punatiiliseinään väistäessäni saksalaista turistiparvea tai tähyillessäni hirsipuuta, johon leirinjohtaja Rudolf Höss ripustettiin sodan jälkeen sovittamaan rikoksiaan. En halua pyyhkiä Auschwitzin pölyä pois, vaan aion kuljettaa sitä mukanani ja muistaa tämän paikan koko loppuelämäni.

Kun bussi saapuu paikalle, rynnistetään väkijoukon keskellä kohti oviaukkoa. Päädyn takimmaiselle penkkiriville erään turistinuorukaisen viereen. Osa matkustajista seisoo, osa istuu lattialla ja oviaukkojen porrassyvennyksissä. Viereeni lattialle istuu puolalaisneito, joka yrittää löytää jotain mihin nojata, kunnes painautuu jalkaani vasten. Kolistellaan kohti Krakovaa. Vieressäni istuva nuorukainen on saksalainen, ja hänellä on vaikeaselkoinen korostus. Saatuaan selville, että olen suomalainen, hän tiedustelee Suomenlahden veden suolapitoisuutta. Hän on aikeissa purjehtia Virosta Suomeen. Kerron uskovani, että merivesi on kohtuullisen suolaista ja painamme lyhyen keskustelun jälkeen vaiteliaina päämme selkänojille, sillä täpötäydessä bussissa happea on vähän. Nuokutaan pian puoliunessa ja yritetään hengittää säästeliäästi.

Auschwitzin ykkösleirillä, sillä tunnetummalla, tihkusade kasteli paitaa ja harmaa taivas keikkui kaiken yllä. Selattiin huoneiden, suihkujen, olkipetivuoteiden, hiustukkojen, matkalaukkujen, kenkien ja silmälasien opastekstejä parakki parakilta, kerros kerrokselta, saleissa ja kellareissa. Nähtiin seisomasellit, teloitusmuuri ja hirttoparrut. Erään parakin yläkerrassa, lähellä salia, jossa oli esillä leirillä kuolleiden naisten valtava hiusmeri, nuori turistinainen kyhjötti penkillä ja itki surkeana. Kaveri istui vieressä ja yritti lohduttaa.

Jatkettiin bussikuljetuksella kierrostamme ykkösleiriltä parin kilometrin päähän Auschwitz II Birkenaun tuhoamisleirille, jonka saksalaiset sodan loppuvaiheessa osin räjäyttivät ja polttivat.

Leirin valtavilla pelloilla oli hiljaista. Vain tuuli huojutti aavemaisesti kaikkialle leviävää heinikkoa. Muut turistit katosivat ympäri laajaa aluetta, ja tuntui kuin olisimme olleet siellä Urdan kanssa kaksistaan. Se oli hyvin omituinen tunne.

Käytiin rapautuneiden parakkien pihoilla ja katseltiin vankien tekemiä maalauksia. Nähtiin pesutiloja, joiden murtuneiden lattioiden läpi ruoho kasvoi, makuulavereita, joiden heinäpatjoilla vangit nukkuivat. Nähtiin kaasukammioiden rauniot, löydettiin tuhkakuopat. Seisottiin keskellä mustanharmaiden savupiippujen peltoa, ja Birkenaussa totisesti on valtavasti yksinäisiä savupiippuja tulisijoineen. Ne jäivät muistuttamaan natsien polttamista parakeista kuin mustat puunrungot.

Kun saksalainen purjehtija myöhemmin Krakovaa lähestyessämme säpsähtää hereille, tökkää hän käsivarttani ja osoittaa pienen mäen päälle, jossa seisoo linnan tapainen rakennelma. Poika yrittää tarttua elollisen maailman merkkeihin, mutta hartioissa ja puheessa on lysähtäneisyyttä, joka ei istu hänen urheilulliseen olemukseensa.

Tienvarrella alkaa näkyä rakennuksia, ja saksalainen pohtii malttamattomana, olemmeko jo Krakovassa. Sama puolalaisneito nojaa edelleen jalkaani, enkä halua liikkua, etten häiritse hänen lepoaan. Ollaan siinä kolmistaan nykyeurooppalaisuuden hyväntahtoinen, mutta satunnainen ja epätarkka symbioosi. Elämme vähällä hapella, ilman pahoja aikeita.

Jonotetaan hitaasti ulos väentungoksessa Krakovan asemalla. Kun hyvästelen saksalaisen purjehtijan ja vilkaisen housunlahjettani, huomaan Auschwitzin tiilipölyn varisseen pois.

6.

Löydetään nettikahvila vanhasta kaupungista. Luen sähköpostin ja selataan Suomen uutisia, muttei mitään ole tapahtunut. Julkkis seisoo bikineissään laiturilla järven rannalla Iltalehden kansikuvassa. Tangotähti on laihduttanut. Mielipidepalstalla harmitellaan, kun pikkulapset likaavat ostoskärryt kengillään. Aurinko paistaa Krakovassa lämpimänä, hieroo olkapäitä ja niskaa. Kuumuus ja hiekkapöly tunkevat sieraimiin. Käydään Odeonissa, joka on suuri kirjakauppa, mutta hyllyt silti lähes tyhjiä. Eilisen jälkeen kaikki on niin onttoa. Euroopan historia puistattaa väkivaltaisuudellaan. Täällä on kautta aikojen esitetty aluevaatimuksia, marssittu rajojen yli, isketty palasiksi koteja ja kaupunkeja, kaivettu märkiä kuoppia joenvarsiin ja metsiin. Lukematon määrä ihmisiä on runnottu, hakattu, murskattu ja ammuttu maan poveen mätänemään, pyyhkäisty pois silmistämme. Vihanpidon merkkeihin tutustumisen jälkeen tulee pohtineeksi, miten pitkä on se polku, joka vie aamukahvilta ruumiskuopan reunalle?

Näissä mietteissä kuljetaan. Vaikka menisimme täällä minne tahansa, päädytään aina lopulta Rynek Głównylle. Kaikki kadut viettävät takaisin toriaukiolle.

Jopa turisteja katselee nyt mielellään. On helpottavaa keskittyä taas elollisen maailman pieniin tapahtumiin ja havaintoihin, joissa on aina ripaus inhimillisyyttä ja huumoria.

Torilla koirat pujahtelevat tuttuun tapaansa ihmishulinan keskellä ruokaa etsien ja kauppiaat kiskovat turisteja kojuilleen. Kirkon torvi kailottaa tunnin välein melodian, joka saa turistit pysähtymään, höristelemään korviaan ja huitomaan innokkaasti käsiään. Puuteroitu klovni seisoo tutulla paikallaan liikkumattomana, sininen emalivati edessään, ja nytkähtää kolikon kilahtaessa.

Istutaan torinreunalle syömään välipalaa. Pian kaupunkiin iskee sadekuuro ja aukio tyhjenee nopeasti. Turistit pujahtavat kauppahalliin, muovituoleja kasataan päivävarjojen suojiin ja kauppiaat juoksevat kyltit kainaloissaan putiikkeihinsa. Bongorummuttajat vetäytyvät ripeästi soittimiensa kanssa puiden alle. Vain romanimusikantit näyttävät kiireettömiltä. He ottavat soittimet kainaloonsa ja astelevat rauhallisesti syömään, vaikka sade ropisee heidän olkapäilleen ja kastelee mustat huopahatut.

Taivas on tummansininen ja asvaltti kiiltelee märkänä. Yli purjehtivien repaleisten pilvien välistä pilkottaa jo auringonkajo. Kun kuuro päättyy, ostetaan patonkia, juustoa ja punaviinipullo torin reunan putiikista.

Illalla lojutaan hostellin parvekkeella, josta on tullut suosikkipaikkamme Puolassa. Sen suojissa voi istua tuntikausia lehtipuiden latvustoja katsellen ja hengitellen kosteaa puolalaista kesäilmaa.

7.

Krakovan länsipuolella taivaanrannassa häämöttää vuori, josta olemme nähneet vilahduksen keskustassa kävellessämme. Kumpu on ilmestynyt hetkiseksi puiden ja rakennusten takaa, mutta kadonnut kerta toisensa jälkeen ja jäänyt arvoitukseksi.

Karttaa ja matkaopasta tutkittuani tulen siihen tulokseen, että nyppylän täytyy olla Kościuszkon kumpu, joka on nimetty puolalaisen vapaustaistelija Tadeusz Kościuszkon mukaan. Se on keinotekoinen kolmekymmentäneljämetriä korkea maakasa, jonka aines on tuotu eri puolilta Puolaa vuonna 1820. Ehdotan Urdalle päiväretkeä kumpareelle, ja hän suostuu.

Koska reitti vuoripahaselle näyttää mielestäni suoraviivaiselta, jätetään kartta huoneeseemme, ajetaan ratikalla keskustaan ja kiirehditään päättäväisesti suuntaan, jossa nyppylän pitäisi sijaita. Ensin kaikki näyttää sujuvan hyvin. Seurataan jokivartta ja päädytään pikkuteille metsän keskelle. Pientä epävarmuuden tunnetta syntyy siitä, ettei kummusta missään vaiheessa näy vilahdustakaan.

Eteemme ilmestyy yhä uusia hiekkateitä ja suttuisia pusikkoja. Niiden keskeltä pilkistää rakennuksiakin. Kummastellaan, kun omakotitalon lähellä seisoo palatsimainen huvila ja sen naapureina maalaamaton vinoseinäinen mökki, aaltopeltihalli ja harmaanmusta maatalo. Rakennukset näyttävät sijaitsevan täällä sikin sokin, ilman mitään logiikkaa. Alueelta puuttuvat identiteetti ja viranomaismääräykset.

Kun hiekkatie vain jatkuu, tajutaan lopulta olevamme eksyksissä. Kumpua ei näy, emmekä tiedä miten kaukana läntisellä metsäalueella olemme.

Pohditaan ilmansuuntia ja säätä. Pilvet alkavat kerääntyä yllemme. Aamun karttatutkimusteni perusteella luulen, että vaikka olemmekin ehkä kulkeneet Kościuszkon kummun ohi, voisimme halutessamme jatkaa pitemmälle länteen, jossa saapuisimme kameduliluostarille. Se sijaitsee Wolan metsässä

Hopeavuorella, Bielanyn kaupunginosassa. Urda ei innostu ajatuksesta, sillä mitään kiintopistettä sijainnistamme emme löydä. Luostari olisi silti houkutteleva patikointikohde. Se sijaitsee korkealla kukkulalla, ja siellä asuu benediktiinimunkkeja, joiden erakkomaisessa elämässä painottuvat yksinäisyys ja mietiskely. He hoitavat luostarin puutarhaa, harjoittavat mehiläistenhoitoa ja kirjansidontaa. Luostaria kiertää muurin ympäröimä useiden hehtaarien kokoinen metsä, jossa on riippupuutarhoja, kujia ja paikkoja mietiskelyyn. Pappilan kellarissa on kappeli ja krypta, jonka seiniin kuolleiden munkkien jäännökset muurataan sadan vuoden ajaksi, minkä jälkeen ne haudataan. Se on ihmisen ja rakennuksen symbioottista yhteiseloa.

On jännittävää, että benediktiinimunkit jo 500-luvulla loivat perustan taloudelliselle järjestelmälle, jonka kommunismin aika myöhemmin pyyhkäisi väliaikaisesti pois tästä osasta Eurooppaa. Nyt tuo järjestelmä – kapitalismi – on palaamassa takaisin.

Keskittyneen mietiskelyn ja tekemisen keskellä saattaa syntyä mullistavia uusia ideoita ja arvaamattomia vipuvarsia tulevaisuuteen. Munkit tuottivat monenlaisia hyödykkeitä, kuten maataloustuotteita, kirjoja, käsitöitä, olutta ja viiniä. He tahtoivat lisää aikaa henkisiin harjoituksiinsa ja meditaatioon, joten ryhtyivät hankkimaan parempia tuotantovälineitä. Lisäksi he standardisoivat työtehtäviä, jotta saattoivat vaihdella niitä keskenään.

Tällä elämäntyylillään he säästivät rahaa ja pystyivät investoimaan ylijäämän aina vain parempiin tuotantovälineisiin.

Keskiajalle tultaessa luostarit olivatkin jo merkittäviä taloudellisia ja kulttuurisia keskuksia. Jos jatkaisimme Urdan kanssa vaellustamme vieläkin pitemmälle länteen, voisimme löytää toisenkin luostarin. Korkealla pöytämäisellä kalkkikivivuorella kohoavan Tyniecin luostarin sanotaan olevan vaikuttava näky Veikselin rannalla. Haihatteluni luostareista kariutuvat nopeasti. Omin silmin emme pääse niitä tai edes Kościuszkon kumpua näkemään, sillä taivas tummuu ja yhä suuremmat sadepisarat alkavat rummuttaa puunlatvuksia. On luovuttava kaikista päivän tavoitteista, käännyttävä paluumatkalle ja kuljettava samaa reittiä takaisin. Märät kulkukoirat lönkyttelevät hetken seuranamme. Kiristetään sateen vuoksi kävelytahtia ja astellaan Krakovan keskustaa kohti. Kun tullaan Veiksel-joen rantaan, huomataan olevamme sen väärällä puolella. Eipä ihme, ettei Kościuszkon kumpua löytynyt.

KALKKIKIVEN PEHMEYS

Lojutaan aamulla hämmentyneinä huoneessamme Pestin katujen yläpuolella. Emme tiedä tarkalleen missä päin Karpaattien altaan miljoonakaupunki Budapestiä olemme, sillä majoittuminen kävi nopeasti. Buukkaaja sieppasi meidät ja joukon muita rinkkamatkaajia pakuunsa rautatieasema Keletillä, josta kaahattiin vauhdilla Strawberry-hostelliin. Huone on siisti, mutta pölyinen. Todetaan tyytyväisinä, että varusteluun kuuluu jääkaappi. Pyykinpesukoneenkin Urda löytää yhteisistä tiloista. Ikkunastamme näkyy kattohuoneistoja ja leveänä virtaava Tonava, sekä kaksi suunnatonta siltaa. Taivaanrannassa siintää betonierämaa. Otsaa jomottaa ja silmät toljottavat päässä kuin kaksi pientä hiipuvaa lamppua, joten levätään hieman.

Lähdetään liikkeelle myöhemmin iltapäivällä. Tutustutaan hostellimme naapurustoon, jossa on monia pieniä kauppoja, mutta myös hylättyjä rakennuksia, repeytyneitä mainoskylttejä ja vanerilevyjä ikkunoissa. Löydetään puistokaistaleita, liiskautuneita koiranjätöksiä ja karkeita öljyläiskien sotkemia sisäpihoja.

Ihmiset ovat kiireettömiä ja nojailevat seiniin. Avoimista ikkunoista kuuluu musiikkia, joka kaikuu seinistä kuin katu olisi avara konserttisali. Pyykit kuivuvat parvekkeilla ja jostakin kantautuu riitelyä. Kukaan ei näytä keräävän roskia kaduilta.

Siirrytään keskustaan, jossa talot hehkuvat auringossa. Katukuilut ovat kuin luolia, joita pitkin väki kyyristelee kolosta toiseen tulikuumaa ilmanalaa vältellen. Tienvarsien aarnit ja jalavat tuovat hieman varjoisaa helpotusta. Urda seuraa minua, vaikka en tiedä mihin olen menossa, ja silmät pyrkivät painumaan umpeen. Vilkkailla kaduilla on runsaasti lehti- ja levykauppoja. Jäätelökojuja on joka puolella, ja sen ymmärtää tässä helteisessä kaupungissa. Pistoolein varustetut vartijat norkoilevat hopeoitujen pankkijulkisivujen oviaukoissa tupakkaa poltellen. Minihameisten unkarilaisneitojen lantiot keinuvat. Nähdään päivän aikana enemmän suutelevia pariskuntia kuin kotimaassa ikinä. Se on aika surullista, kun asiaa suomalaisena ajattelee.

Nokian trendikkäät kännykät ovat vallanneet kahviloiden pöydät ja länsimaiset autot kadunvarren keskeiset parkkipaikat. Sivukaduilla kuulee yhä Trabantien kaksitahtimoottorien säksätystä. Fenolihartsin ja puuvillan sekoituksesta muotoon puristettujen autojen ohjaamoissa istuu tyylikkäitä nuorukaisia. Eräässä risteyksessä bemarinkuljettaja töyttää liikennevaloissa sinistä pakokaasua rykivälle Trabantille, ja itäauton kuljettajan vastaus on avoimesta ikkunasta ojennettu kansainvälinen käsimerkki.

Trabantien duroplast-anarkia näkyy Budapestin kaduilla. Ne tukkivat risteyksiä, hidastelevat ja löytävät parkkipaikkansa helposti suurten länsiautojen välistä pienen kokonsa ansiosta. Kermanvärinen kadunreunaan parkkeerattu Trabant tekee pelkällä vaatimattomalla läsnäolollaan pilkkaa kiiltävistä länsiautoista, ärsyttää brändien fanittajia ja tarjoaa portaalin sosialismin karnevalisointiin.

2.

Juodaan aamulla kitkerät automaattikahvit, ja yö karisee silmistä saman tien. Kaupungilla polttava ilmamassa houkuttelee pujahtamaan sisään viileisiin putiikkeihin. Urda ostaa uimapuvun, jonka aikoo testata jossakin kaupungin komeista kylpylöistä.

Löydetään vilkkaan viertotien varrella sijaitsevan kodinkoneliikkeen valikoimasta kämmenen kokoinen Intersound Beach -merkkinen radio. Kalpea miesmyyjä esittelee sitä kärsivällisesti ja purkaa sen osiin hidasta englantia puhuen. Miesparalla ei tunnu kauppa käyvän, enkä minäkään kummoinen asiakas ole. Patteritkin jätän ostamatta, kun ne maksavat melkein yhtä paljon kuin mokoma radio.

Käydään kirjakaupassa, josta löydän Andras Törökin Budapestin matkaoppaan. Se sisältää kiinnostavia kaavioita rakennuksista ja opastaa miten tehdä tuttavuutta unkarilaisten kanssa. Kun astun tiskille maksaakseni kirjan, myyjätär tervehtii minua, mutta huomaa sitten jotain ja ryntää kadulle. Hän pinkaisee juoksuun tiheään väkijoukkoon. Katsellaan kaupan ovelta, kun hän jahtaa miestä, joka pakenee kömpelösti koikkelehtien ja retuuttaa mukanaan ruskeaa nahkasalkkua. Takaa-ajo päättyy, kun joku jalankulkijoista tarraa kiinni miehen kauluspaitaan.

Toinen myyjä kiirehtii apuun, ja he raahaavat miehen kauppaan. Varkaan salkusta myyjätär kiskoo esiin suuren Roomaa käsittelevän valokuvateoksen ja asettaa sen takaisin hyllyyn. Kun maksan ostokseni, näpistelijä odottelee kaupan nurkassa poliisia, pitelee laukkua ujosti käsiensä alla. Jatketaan vaellustamme kaupunginpuistoon, Városligetiin.

Löydetään tylsistyttäviä museoita, patsaita ja kaljateltta, jossa istutaan hetki, kunnes viihdebändi aloittaa unettavan soitantonsa.

Paetaan läheiseen Vajdahunyadin linnaan, joka seisoo pienellä saarekkeella vallihautojen ympäröimänä. Monet linnat ovat vain varjoja entisestä loistostaan, mutta tämä tuo torneineen, komeine kattoineen ja portteineen mieleen sadut ja elokuvat. Virheettömän ulkomuodon selittää se, että linna on melko uusi. Paikalle nousi ensin pahvista ja puusta kokoon taiteltu kulissilinna Karpaattien altaan valtaamisen kunniaksi vuonna 1896. Sen esikuvana toimi Unkarille aikoinaan kuulunut Hunyadin linna, joka sijaitsee nykyään Romanian puolella rajaa. Budapestiläiset mieltyivät linnakulissiin siinä määrin, että sen tilalle päätettiin rakentaa kivestä ja tiilestä pysyvä versio 1900-luvun alussa.

Kun rakennusprojekti toteutettiin, Unkari oli mahtava valtio. Pieni maakuntakylä oli noussut Wienin rinnalle Itävalta-Unkarin toiseksi pääkaupungiksi. Vaikutteita toteutukseen poimittiin koko suurvallan laajalta alueelta – yli kahdestakymmenestä eri rakennuksesta. Satavuotias kivikolossi on katselmus arkkitehtonisten tyylien evoluutioon. Siihen on suunniteltu värjättyjä ikkunoita, upeasti maalattuja holvikattoja ja marmoriportaikkoja. Samalla linna edustaa kansakunnan myytinrakennusta.

Jotain jää silti puuttumaan. Linna ei tuota vierailijalleen historiallisia aistimuksia; karheus, kuluneisuus ja rapistuneisuus puuttuvat. Täällä ei ole vietetty linnapihan rajaamaa juonittelun, huonon hygienian ja kulkutautien leimaamaa elämää. Sodat eivät ole ryskänneet jälkiään muureihin ja ikkunanpieluksiin, eikä herrasväki ole irlantilaisen Trimin linnan tapaan hieronut ulosteitaan ulkomuureihin kerskuakseen hyvillä aterioillaan.

Seinillä ei Vajdahunyadissa ole tarinaa kerrottavanaan, mutta aurinkoiseen päivään linna sentään luo kelpo varjon, joten istutaan vallihaudan penkereelle ja viilennellään kuumuudessa turvonneita jalkojamme vedessä. Koiratkin näyttävät nauttivan, pärskivät roopissa ja ravistelevat turkkejaan.

Illalla päädytään Fat Mo`s Speakeasyyn, keskustan suosittuun kellariravintolaan, joka täyttyy nopeasti tiivistunnelmaiseksi luolaksi. Varatuissa pöydissä istuu uusrikkaita nuorukaisia mustissa puvuissaan. Unkarilaisneitojen vaatetus on niukkaa.

Meno on melko rauhallista, kunnes baarin kaiuttimista kajahtaa ilmoille Shirley Basseyn ja Propellerheadsin esittämä kappale *History Repeating*. Se on kuin hyökyaalto. Unkarilaisnaiset ryntäävät tanssimaan, nostavat kätensä ilmaan ja keinuttavat lanteitaan. Väki tanssii pöytien ympärillä, baaritiskin edessä ja tanssilattialla. Tupakansavu sumentaa luolan. Tanssijat tönivät toisiaan ja meitä, haastavat mukaan liikkeeseen. Kaikki laulavat mukana. Selkäranka resonoi basson tahdissa.

Sosialismin vuosista vapautumisen ja itseään toistavan historian huumaava tunnetila sieppaa meidätkin mukaansa.

3.

Makoillaan seuraavana aamuna hikisinä myttyinä vuoteessa, kunnes Urda nousee keräämään kylpytarpeensa ja lähtee Budan puolella sijaitsevaan historialliseen Gellértin kylpylään. Se on näyttävä pyhättö virkistäytymiselle. Allastilat on koristeltu mosaiikeilla ja veistoksilla. Vetensä kylpylä saa Budapestin alta pulppuavista geotermisistä lähteistä. Jalkani ovat rakoilla ja rikki, joten en halua kosteisiin pesutiloihin. Vietetään siis kumpikin päivä omillamme. Kävelijöiden liitto on rikkoontunut.

Urdan mentyä harhailen kaupungilla, jossa kauppoja avataan, katuja huuhdellaan ja mainoskyltit asetetaan jalkakäytäville. Joku haluaa vaihtaa rahaa, hippi puhuttelee sivukujalla. Unkarin kieltä kuuntelee kaduilla ja kaupoissa mielellään. Sointi on suomalaiselle tutunoloinen. Unkarilaiset kirjaimet diakriittisine merkkeineen kuitenkin palauttavat maan pinnalle. Eräässä lehtiartikkelissa arvioitiin, että puhelinjärjestelmän sotkujen lisäksi Unkarin hidas tietoverkottuminen johtuu kielen merkkiongelmista. Microsoft ei ole ajatellut kaksoisakuuttia kehittäessään tuotteitaan.

Lämpömittari näyttää neljääkymmentä celsius-astetta. Etsin varjoisaa istumapaikkaa ja painan silmät puoleksi umpeen ylittäessäni tulikuumia katuja. Lauhkean mannerilmaston Budapestissä valo muuttaa rakennusten värit ja häivyttää yksityiskohtia, tekee kaikesta häikäisevää. Budapest on valkoinen kaupunki, Helsinki harmaa.

Astelen Petöfin siltaa Budan puolelle ja istun hengittelemään joenpenkereen kiviportaille. Ukot kalastelevat rannoilla, jokilaivat ja proomut kyntävät joenpintaa. Aallot vyöryvät hitaina sarjoina kohti pengertä, keinuttavat roskia ja puunkappaleita rantakiviä vasten. Ilmassa on saven tuoksua, kun Hungaria-proomu lipuu ohi.

Teräksiset sillat kohoavat mahtavina joen virtauksen yllä, kannattelevat päivittäin satojatuhansia autoja. Suurin osa matkamme kaupungeista on rakennettu Tonavan kaltaisten merkittävien ja ravinteikkaiden jokien varsille. Siltojen jänneväli on ihmisen irtiotto joen voimasta ja vallasta.

Rantapenkereillä siltojen alla on hiljaista, ja siellä istutaan ruohonkorsi suussa, suudellaan, nukutaan viluiset yöt, latkitaan jäähdytysnesteitä ja partavesiä, piikitetään heroiinia. Kun päivän kuumin hetki on sivuutettu, suuntaan kohti Gellértinvuorta. Se kuuluu Buda-vuoristoon, joka on osa Transdanubian ylätasankoa. Jyrkkänä lohkareena kaupunkia joenrannassa hallitseva dolomiittivuori näkyy kaikkialle, joten Krakovassa tapahtuneen kaltaista eksymisen vaaraa ei ole. Vuori sijaitsee nimeään kantavan kylpylän vieressä. Jossakin sen sisätilojen monista altaista Urda loikoilee mineraalipitoisessa vedessä.

Kapuan kohti sadanneljänkymmenen metrin korkeudessa sijaitsevaa huippua. Polun varrella ohitan kellastuneita postikortteja kaupittelevan naisen, vanhan lyttynaamaisen viulistin ja maisemakuvaa piirtävän neidon. He ovat kuin janoiselle rinteessä ilmestyviä harhanäkyjä, jotka sivuutan hajamielisenä. Ostan vesipullon ukolta, joka fiksusti odottelee nääntyneitä patikoijia pakettiautonsa varjossa.

Perille päästyäni nojailen Citadellan, Habsburgeille rakennetun linnoituksen kivimuuriin, johon linnut ovat tehneet pesänsä. Tuuli humisee korvissa.

Olen huipulla yksin. Kaupungista kantautuu etäisiä hälytysajoneuvojen ääniä, mutta muuten on hiljaista. Täältä näkee keskisen kaupungin katot ja Budan neukkublokit. Kaiken yllä leijuu savusumu, ilma väreilee kattojen päällä ja syntyy vaikutelma vuoren alla vellovasta merestä. Täällä ymmärtää miksi luostarit ja kirkot rakentuvat kumpareille. Syy ei ole pelkästään puolustuksellinen. Meso- ja paleotsooisen ajan perintönä syntyneessä nyppylässä on pyhyyden tuntua. Kahtiajako maailman ja ihmisen välillä tuntuu selvärajaisena ja havainnoijan identiteetti vahvana. Vuorelta katsellen maailma tuntuu ehjältä, mutta yksityiskohtien katoaminen, kattojen sumea meri, tekee tilaa ajattomuuden mielikuville. Käveleminen kaduilla on mieleenpainuva kokemus, mutta vuoret synnyttävät kokonaisia uskontoja.

Vaatisi paljon aikaa ja työtä, jotta voisimme kumpareen kanssa ymmärtää toisiamme. Sellaiseen ei nyt ole mahdollisuutta. Tuijotan silti hetken allani leviävää kaupunkia, ja annan ajatusten kulkea vapaata rataansa.

4.

Linnavuori Vàrhegyllä pyörteilee helteeseen helpotusta tuova tuulenvire. Sen tuuditellessa voi miettiä mitä kaikkea tällä yli kilometrin pituisella vuorella on ehtinyt aikojen kuluessa tapahtua. Meno on ollut rauhatonta – siitä ovat pitäneet huolen turkkilaiset, Habsburgit, natsit ja neuvostoliittolaiset, sekä tuntematon määrä muita heimoja ja valloittajia. Tuho on pyyhkäissyt kumpareelta ihmisten aikaansaannokset kadoksiin kerta toisensa jälkeen.

Viimeisimmän hävityksen Budan linna kohtasi toisessa maailmansodassa, jolloin se oli akselivaltojen viimeinen tukikohta. Puna-armeija moukaroi linnan palaneeksi kivimetsäksi. Sosialismin aikana linna restauroitiin ja sai nykyisen pelkistetyn ja innottoman ulkoasunsa, joka on tyyliltään stalinistista barokkia. Käytännössä rakennuskompleksi näyttää lähinnä jättimäiseltä betonibunkkerilta.

Samalla vuorella, lähellä Matiaksen kirkkoa, joukko miehiä ja naisia kyykistelee maahan raivatuissa kuopissa. He raaputtavat harjoillaan maasta ilmestyneitä mustia möhkäleitä. Ympärillä laajalla nurmikentällä näkyy tiiliskivien muodostama rakennuksen pohjakuvio.

Joukkion keskellä seisoo hellehattuun sonnustautunut parrakas mies, ja koska hän vilkaisee minua, kysyn mitä he puuhaavat. Miehen mukaan kyseessä on arkeologinen operaatio. Toisessa maailmansodassa tuhottujen rakennusten alta on paljastunut vanhempia kerrostumia, joita nyt tutkitaan.

Poikkean sisään yhteen Budapestin maamerkeistä, katoliseen Matiaksen kirkkoon, jonka kaarien alla turistit askeltavat tökkivin askelin, yllään löysät lomapaidat ja shortsit. Lähellä on saksalaisturistien joukko, joka pitää kovaa naurunremakkaa. Sen verran saksaa ymmärrän, että he käyvät läpi edellisillan jalkapallomatsin tapahtumia täällä Unkarin kansallisaarteen sisuksissa, Corvinus-suvun korpin alla.

Vuorelta katsellen Budapest näyttää yhdeltä jättimäiseltä veduta-maalaukselta. Sen kaduille voi sulavasti upota yhtenä pienenä hahmona. En tiedä onko entisen itäblokin siirtymäkausi markkinatalouteen sellainen ajanjakso, johon kukaan haluaisi kaupunkinsa joskus tulevaisuudessa palauttaa.

Arki on joka tapauksessa kääntynyt Itä-Euroopassa akselillaan uuteen asentoon. Leniniä kuvaavat pronssipatsaat kiskotaan vaijereilla lepoon kuormurien lavoille ja pakotetaan viimeiselle matkalleen. Samaan aikaan sodan jälkeen piiloon vietyjä kansallisia muistomerkkejä kaivellaan esiin pressujen alta.

5.

Seison Tonavan rantakaistaleella jättimäisen parlamenttirakennus Országházin äärellä. Katselen sen valtavaa kehoa – pitkiä koristeellisia pintoja ja torneja. Rakennus näyttää ylimitoitetulta pienen valtion parlamentiksi. Mieleen palaa Riika, jossa edes tiedeakatemian pilvenpiirtäjä ei näyttänyt näin epäsuhtaiselta ja korttelien rauhallista rytmiä rikkovalta. Országház on toista maata. On vaikeaa kuvitella, että se kovin sulavasti kohtaisi tavallisen budapestiläisen. Jättiläisellä on pituutta yli puoli kilometriä, ja satoihin huoneisiin väkeä mahtuu loputtomiin. Julkisivua koristavat kaaret, valtava keskuskupoli ja pienemmät tornit. Rakennus on symmetrinen ja pohjaratkaisu on barokkia, seinät pursuavat yksityiskohtia, kuten veistoksia, kaiverruksia ja ikkunaruutuja. Koristelua varten on sulatettu kymmeniä kiloja kultaa, ikkunoiden päällä lepää kuninkaiden ja herttuoiden vaakunoita. Itäistä portaikkoa hallitsee kaksi leijonaa ja kattoihin on maalattu freskoja.

Parlamenttitalon rakentaminen alkoi Budapestin voimakkaan kasvun aikaan vuonna 1885, joten se on saman innokkaan kauden tuotos kuin Vajdahunyadin kulissilinna. Országház sai perustukseksi saviseen penkereeseen yhtenäisen betonilaatan, joka oli keskimäärin kaksi metriä paksu, mutta lähes viisimetrinen keskuskupolin alla. Rakennushanke kesti lähes kaksi vuosikymmentä ja muutti hyljeksityn pätkän joenrantaa kaupungin merkittävimmäksi paikaksi. Rakennukseen ladotut tiilet lasketaan kymmenissä miljoonissa. Koristeluun käytettiin runsaasti kalkkikiveä, joka on luonnon oma keitos, sedimenttikivi, jossa voi paljaalla silmälläkin nähdä fossiileja. Országházissa käytetty kalkkikivi osoittautui kuitenkin heikkolaatuiseksi. Marmorisesta tulevaisuudestaan erotettuna ja suojastaan pois lohkottuna kalkkikivi on kuin alati muuttuva teos, johon lievästikin happamat sadevedet raapustavat jälkiään. Parlamenttitalo kärsii ilmansaasteista ja korroosiosta. Kosteus ja sade repivät siihen halkeamia, vilkas liikenne tärisyttää ja rikkoo rakenteita. Kaupungin keho ravistelee rakennusjärkälettä pois rantapenkereeltään, muttei kivinen ihottuma suostu väistymään.

Suurista visioista budapestiläisille jäi perinnöksi haastavia rakennuksia, joita on vaalittava ja huollettava vuodesta toiseen. Mahtipontinen hallintorakennus vaati ympärilleen laajenevaa valtakuntaa, koska muutoin menestyksen verenkierto siihen katkeaa, ja edessä on kuihtuminen arkiseksi virastoksi. Täällä kävi juuri niin, kun Itävalta-Unkarin imperiumi hajosi.

Emme tiedä, mitä unkarilaiset ajattelevat Országházista, sillä Andras Törökin matkaoppaan neuvoista huolimatta emme ole tutustuneet yhteenkään budapestiläiseen. Näyttää siltä, että unkarilaiset osaavat olla rakennusten kanssa paljon leikkisämpiä ja sinnikkäämpiä kuin suomalaiset. Unkarilaiset ymmärtävät ylisukupolvisen muistin merkityksen ja sen vaalimisen tärkeyden.

Kun ajattelen kotimaata, mieleen tulee vain sana säälimättömyys.

Olemme olleet vihamielisiä vähäistäkin vanhaa rakennuskantaamme kohtaan, rusikoineet talovanhuksia kasaan teräspalloilla ja kaivureilla.

Meillä on jäljellä pääosin entisaikojen kaupunkien rippeitä, kuin rikkilyödystä historiasta sinkoutuneita palasia. Yksittäiset historialliset talot ovat usein menneisyydestään irrotettuja ja kadunreunaan tai korttelien keskelle yksinäisyyteensä unohtuneita. Niitä piirittävät suurten ikäluokkien ja maaltamuuton aikakausien betonielementtitalot.

Historiallisesti ohuissa kaupungeissamme meillä on vain vähän kiintopisteitä, harvoja asioita, joihin historian kerrostumat olisivat tarttuneet.

Betoni on Suomessa lääke, joka auttaa vanhojen kaupunkien vaivoihin. Sen annetaan virrata, kunnes henki jättää purettujen historiallisten rakennusten happamat tontinpohjat.

Unkarilaiset pitävät huolta rakennuksistaan. Jos historiaa ei ole tarpeeksi, he uskaltavat sitä kuvitella.

Országház pitää kunnostajat kiireisinä, eikä talttojen pauke taida sen kupeilla koskaan loppua. Kalkkikivi vaatii rakkautta ja huolenpitoa. Sitä täällä on tarjolla.

OLUTHUONEEN LADY

Wienin maapeti kätkee sisäänsä vanhan roomalaisen varuskunnan ja sen ympärille syntyneen kaupungin jäänteitä. Parituhatta vuotta sitten keisari Marcus Aurelius kävi täällä kuolemassa ja maankuoreen avatusta kolosta turisti voi kurkistaa hänen aikakauteensa.

Saadaan käyttöömme viidennen kerroksen huone Porzellaneum der Wiener Universitat -asuntolasta. Sen ikkunasta avautuu miellyttävä näköala kadulle ja lähikorttelin katoille. Kauempana kohoaa tummansininen vuorenrinne, joka illalla syvenee mustaksi silhuetiksi.

Ostetaan kioskilta ruokaa ja valkoviini viime hetkellä, sillä kaupat sulkevat täällä ovensa kotoisan aikaisin. Tunnelma lähikaduilla on samankaltainen kuin Helsingissä, vain koiranjätöksiä on enemmän.

Illalla makoillaan vuoteissamme vatsat turvoksissa. Nukutaan yö huonosti ja nähdään painajaisia, kärsitään hapenpuutteesta. Vanhan kivitalon ilmanvaihto ei taida toimia kunnolla.

Seuraavana päivänä kierrellään keskustaa. Turistit istuvat hevoskärryissä, ja kavioiden kopse kaikuu valkoisista seinistä. Kaduilla näkee pikkutakkeja, suoria housuja ja vaaleita kävelykenkiä. Jupit pujahtelevat kiireisinä salkut kainalossaan. Pitkähiuksiset muusikot kantavat viulukoteloita. Mozart, Beethoven ja Strauss ovat astelleet näitä katuja melodioitaan hyräillen.

Pienillä teoilla ja eleillä näyttää täällä olevan enemmän merkitystä kuin Helsingissä. Kaupunkilaiset ovat mukana spektaakkelissa; pelkkä hyväntuulinen hymy on kuin hidastettu kohtaus Fellinin elokuvasta.

Kahden miljoonan asukkaan kaupungilla on monipuolinen kulttuuriperintö, keisarillinen historia, jonka keskelle moderni kaupunkielämä on ujuttautunut. Aikakausien yhteiselo sujuu hyvin. Täällä on merkkejä Habsburgien dynastiasta, Hofburgin palatsi ja Schönbrunnin linna, museoita, gallerioita, teattereita, konsertteja ja konferensseja. Puistot ja viheralueet ovat laajoja.

Kahvilakulttuuri on merkittävä osa Wienin identiteettiä. Väki istuskelee kadunvarsilla ja katoksissa nauttimassa kofeiinia kauniskorvaisista kupeistaan. Kahviloissa on muhkeita tuoleja, marmori- ja puupöytiä, kristallikruunuja ja taideteoksia.

Meille kahvi on polttoainetta, joka kipataan sisään mahdollisimman suuresta kaukalosta, joten emme viipyile Wienin kahviloissa. Piipahdetaan sen sijaan välillä hengähtämään Stephansdomiin, Pyhän Tapanin tuomiokirkkoon. Se on jättimäinen ja viihtyisä saasteiden tummentama kalkkikivikirkko, joka tarjoaa suojaa helteeltä.

Wien on itäisessä Euroopassa kohtaamiemme kaupunkien vastakohta – valmis ja vauras kaupunki. Täältä ei löydä sellaista innostuksen ja pelon ilmapiiriä kuin Riiassa ja Vilnassa, joissa on meneillään jännittävä siirtymävaihe, kun talot ja ihmiset etsivät uutta tulevaisuutta. Wien on Helsingin kaltai-nen. Molemmat ovat täyteen rakennettuja länsimaisen elämän tasapainoisia orkestraatioita. Toki Wienin ongelmia ovat monen muun suurkaupungin tapaan ruuhkaisuus ja asumisen hintavuus. Silti Wien on monella tapaa hyvä malli Itä-Euroopan vanhoille kaupungeille, jotka pyrkivät kohti parempaa ja rakentavat katujensa elämää uuteen uskoon postkommunismin maailmassa.

Minut valtaa Wienissä yllättävä lämminhenkinen maantieteellisesti vaikuttunut tunnetila. Sen syy selviää, kun katsoo Euroopan karttaa; täällä ollaan turvallisesti mantereen sylissä, reunamaiden ja puskurivaltioiden suojissa, kaukana vihamielisistä rajoista. Tuntuu ihmeelliseltä ajatella, ettei täällä koko ajan valmistauduta aggressiivisten hallitusten laajentumishaaveisiin, vaan voidaan keskittyä kulttuurin synnyttämiseen ja vaalimiseen.

Etsitään seuraavana päivänä merkkejä Vindobonasta, roomalaisajan varuskunnasta, joka hiljalleen laajeni kaupungiksi. Sen kaltaisia leirejä ja asutuskeskuksia Tonavan alueella on ollut useita – esimerkiksi Carnuntum Bratislavan suunnalla ja Aquincum Budapestissä. Vindobonan roomalaiset perustivat tänne rajajokena toimineen Tonavan rannalle, entiseen Pannonian provinssiin, tuomaan suojaa barbaarien hyökkäyksiltä.

Myöhempinä aikoina uudet rakennuskerrostumat peittivät Vindobonan, ja roomalaiskausi jäi syvälle maan alle. Antiikin ajan puolustusmuurin muoto näkyy silti joissakin Wienin kaduissa, joita ovat Salzgries, Graben, Tiefer Graben, Naglergasse, Rabensteig ja Rotenturmstraße.

Tutkijat uskovat, että keskiajalla, kun katuja perustettiin, Vindobonan muureja vielä oli olemassa, ja ne ovat määritelleet katujen sijaintia. Yksi vihje on Graben-katu, joka tarkoittaa ojaa. Sen uskotaan viittaavan linnoituksen vallihautaan. Salzgries-katu muodostaa varuskunnan Tonavan puoleisen linjauksen. Se on roomalaiselle sotilasrakentamiselle epätyypillisesti vino, sillä yleensä leiri rakennettiin suorakulmaisen kaavan mukaan. Tutkijat arvelevat, että varuskunta on vaurioitunut kolmannella vuosisadalla tapahtuneessa valtavassa Tonavan tulvassa, ja saanut vihoittelevalta joelta epätavallisen muotonsa.

Päädytään lopulta Michaelerplatzin aukiolle, jonka reunalla komeilevat Hofburgin keisarillinen palatsi ja marmorinen Looshaus, joka on modernin arkkitehtuurin mestariteokseksi ylistetty toimistotalo. Keskellä aukiota ammottaa suorakulmion muotoinen reikä, josta pilkistää kalkkikiveä ja tiiltä, sekä kovaksi polkeutunutta maata. Kaivanto tuo mieleen Helsingissä kesäisin putkityömaita varten avattavat kadunpätkät.

Se on kaistale legioonalaisten etuvartioasemaa ja tienristeystä; olemme löytäneet Vindobonan. Antiikin aikakauteen kurkottavan kuopan ympärille on rakennettu suoja-aita ja ympyrän muotoinen kenttä, jolla jalankulkijat voivat vapaasti liikkua, tarkastella ja valokuvata monttua.

Palanen antiikin aikakautta kutittelee arpena Wienin treenattua keisarillista kehoa. Kuoppaa katsellessa on vaikeaa eläytyä entisaikojen kasarmeihin ja vallituksiin tai ymmärtää menneisyyden mittasuhteita ja etäisyyksiä.

Kaupungit kuitenkin nyt lepäävät tässä päällekkäin, ja maankuoren alimmat kerrokset kantavat ajan raskainta painoa.

Urdaa näyttää huvittavan, kun seisoskelen toimettomana rauniomonttua ympäröivään aitaan nojaillen, enkä keksi mitä tekisin Vindobonallani.

2.

Rajakaupungit ovat outoja eläimiä. Itävallan Gmündissa ihmettelemme rajan ylittämisen mutkikkuutta. Meitä kehotetaan siirtymään Tšekin puolelle erillisellä rajajunalla ja vaihtamaan sitten paikallisjunaan, joka vie České Budějoviceen. Sieltä jatkaisimme bussilla Český Krumloviin. Pääreiteiltä poikkeaminen tuo matkaan kiinnostavia nivellyksiä. Puuttuu vain hevoskärrymatka hostellille.

On kohtuullista, ettei rajan ylittäminen suju täällä Tšekin ja Itävallan rajalla ongelmitta. Pysyypähän paremmin mielessä, että tämän uneliaan alueen historiassa on riittänyt piikkilankaa ja konepistoolivartioasemia, idän ja lännen välistä kyräilyä.

Gmünd muodostaa kaksoiskaupungin Tšekin puolella olevan České Velenicen kanssa. Ennen ensimmäistä maailmansotaa ne olivat yhtä ja samaa Itävallan Gmündia. Kun Itävalta-Unkari hajosi, syntyi Tšekkoslovakia, jonka uusi raja leikkasi kaupungin kahtia. Gmündin vähäpätöinen läntinen lähiö, jossa tosin oli tärkeä veturitehdas, sai nimekseen České Velenice ja jäi osaksi Tšekkoslovakiaa. Sinne jäi myös merkittävä itävaltalaisvähemmistö, jota kutsuttiin sudeettisaksalaisiksi.

Toisen maailmansodan alkaessa tšekit pakenivat kaupungistaan. Kun sota päättyi Saksan tappioksi, lähtö tuli vuorostaan sudeettisaksalaisille, jotka karkotettiin Gmündin puolelle. Väki sai siis pakata kapsäkkinsä ja vaeltaa edestakaisin rajan yli tilanteen mukaan.

Rautaesiripun laskeuduttua karkotetut itävaltalaiset asuivat vain muutaman sadan metrin päässä entisistä kodeistaan. České Veleniceen siirrettiin muualta Tšekkoslovakiasta uusia asukkaita, jotka olivat historiatonta väkeä uudella kotipaikkakunnallaan. Tulokkaat sopeutuivat tehokkaasti kommunistihallinnon narratiiviin, jossa Itävalta oli perivihollinen. Berliinin muurin tavoin idän ja lännen kylmän sodan raja kulki täälläkin. České Velenicessa ennakkoluulot länttä kohtaan saivat kasvaa vuosikymmenien ajan. Mahdollisia rajanylittäjiä ja sabotöörejä kytättiin kotikutoisin voimin. Muuan kaupungissa baaria pitänyt nainen oli rajavartijan vaimo. Huolimaton poikkeaminen rohkaisevalle tuopilliselle ennen laitonta rajanylitystä saattoi koitua kohtalokkaaksi.

Kun nyt katsoo alueen karttaa niin huomaa, että České Velenice sijaitsee röyhkeässä taskussa Itävallan sisällä, jonne se työntyy yhden ainoan maantien ja rautatien voimin. Se on kuin Tšekin poskesta roikkuva varsiluomi, joka tympeästi kiusoittelee itävaltalaisia.

Vaikka piikkilangat on poistettu, näyttää raja yhä kulkevan näkymättömänä maiden välillä. Siitä kertoo kaupunkien roolijako. Itävallan puolella nautitaan vanhan keskustan kivitalojen luomasta arvokkaasta tunnelmasta, mutta tšekit keskittyvät pyörittämään itävaltalaisten suosimia tyttöbaareja.

Ylitetään raja lopulta tyhjän oloisella ja pimeällä junalla. Matka kestää viitisen minuuttia. Konduktööri ja rajamiehet käyvät vuoroin osastollamme kyselemässä kohteliaasti papereitamme.

Kohti České Budějovicea jatketaan kaksivaunuisella paikallisjunalla. Se lonksuttelee leppoisasti tšekkiläisen maaseudun halki ja pysähtyy jokaisella asemantapaisella. Itävallan kiireinen meno on taaksejäänyttä. Heinikot nuolevat junan hitaasti eteneviä kylkiä eteläböömiläisillä kukkuloilla, joiden pelloilla käyskentelee lehmiä ja hevosia. Vastapäätä vaunussa istuu vanhoja rouvia, joiden iloisille kasvoille kesäinen tšekkiläinen maaseutu luo maalauksellisen taustan.

3.

Itävaltalaiset metelöivät majapaikassamme pikkukaupunki Český Krumlovissa. He valtaavat Landauerin aamiaishuoneen, mutta jättävät armollisesti meille yhden pöydän vapaaksi. Miesten pilailun kohteena on ilmeetön ja saksaa osaamaton tarjoilija, jota he nimittävät "Svetlanaksi". Kiireinen majatalonisäntä näyttää palkanneen hänet avukseen ja itävaltalaisten mielestä myös vaimon virkaa hoitamaan. Svetlana, tai kuka hän lieneekin, ei herjasta piittaa vaan kantaa ruokailijoille aamiaistarpeita, asettelee huolellisesti voinapit ja lautaset pöytiin.

Saksalaiset ja itävaltalaiset ovat Český Krumlovissa kuin suomalaiset Tallinnassa, halpoja huvituksia etsimässä, Mercedekset pihalla parkissa. Esi-isien viisaus ei ole ylisukupolvista, emmekä näe tänään arvokasta käytöstä. Vanha kaupunki ei kykene pehmentämään turistien luonteenpiirteitä.

Saksalaisten historiallinen vaikutus on ollut täällä lähellä Itävallan ja Saksan rajaa vahva. Tšekin ja saksan kieli ovat eläneet rinnakkain vuosisatoja. Sodan tuhoilta Český Krumlov säästyi pienuutensa ja syrjäisyytensä ansiosta. Kaupunki oli strategisesti merkityksetön, turvallinen ja vaatimaton rintatasku Euroopan turpeassa päällystakissa.

Nyt kaupungin vanhassa keskustassa asuu vain parisataa ihmistä, mutta turistien määrä yltää vuosittain satoihin tuhansiin. Paikallisten sijaan Český Krumlovissa saa katsella kamerat kaulassaan harhailevia turisteja, hääseurueita ja lomailevia tšekkiläisiä perheitä. Vaikka talot ja linnat ovat seisoneet paikoillaan satoja vuosia, leijuu kaiken yllä vahva epäaitouden tuntu. Ei täällä ole Varsovan äskettäin rakennettujen renessanssitalojen nurinkurista ja raakaa viehätystä, ei rekonstruoitujen varjojen voitonriemua.

Saimme varattua vain yhden majoitusyön Rooseveltovakadun Landauerista, joten jätetään sille ja itävaltalaisille hyvästit. Raahataan rinkkamme uuteen majapaikkaamme parin sadan metrin päähän. Majoitustilaa tässä kaupungissa riittää, sillä suuri osa keskustan asukkaista näyttää olevan majatalonpitäjiä ja heidän perheenjäseniään.

Uusi huoneemme on majatalo Lobon yläkerrassa lähellä kaupungin linnaa. Omistajapariskunta on vakavailmeinen ja vaikuttaa jännittyneeltä. Kättelykin sujuu jäykästi. Kaikki majapaikassa näyttää olevan uutta, ja seinätkin hehkuvat valkoisina. Tuskin aivan ensimmäisiä asiakkaita olemme, mutta paljon kokemusta isännillä ei taida turisteista olla.

Asetutaan taloksi. Kun avaan ikkunan, grillisavujen tuoksu tulvahtaa sisään. Ylläni on villapaita, sillä heinäkuu on täällä etelässä yllättävän viileä. Enpä turhaan sullonut lämmintä paitaa rinkkaani.

Ikkunasta avautuu näkymä linnan suuntaan. Sen pyöreä torni on kuin keskiajalla suunniteltu avaruusraketti, puuttuvat vain nestemäisen polttoaineen höyryt, jotka nuolisivat tornin kylkiä ja ryöppyäisivät linnan ympärillä. Ajan kirjoma torni on rakennettu alun perin goottilaiseen tyyliin. Siinä on holveja, kivipylväitä ja hienostuneita ikkunakuvioita. Myöhemmin renessanssi- ja barokkikausi tartuttivat siihen koristeellisia kiviveistoksia ja freskoja.

Linnan lisäksi ikkunastamme voi katsella arkisempaa näkyä: pientalojen sateenpieksämiä katonharjoja, vessojen poistoputkia, halkeilleita savupiippuja ja harmaita seiniä. Ne luovat tutuksi käynyttä rappioromantiikan tuntua. Kirjoitan matkamerkintöjäni ikkunalaudan päällä. Urda liimaa vieressä postimerkkejä kortteihin, sipaisee kielellään liimapintaa, painelee merkin kämmenellään huolellisesti kuoreen.

Katsellaan tummina möykkyinä kattojen yllä ilakoivia sadepilviä ja mietitään, että Krumlovin laakso taitaa olla samanlainen kattila kuin Krakova. Täällä vain kaupungin yllä mataa mustien tappavien hiukkasten sijaan sade.

4.

Jonkin aikaa kaupungilla kierreltyämme meistä tuntuu, että piskuinen Český Krumlov on nähty. Pohditaan seuraavaa siirtoamme, ja keksitään vuokrata polkupyörät. Jätetään taaksemme söpöt pienet kadut ja poljetaan kaupunkia ympäröiville vehreille eteläböömiläisille kukkuloille.

Kun kiidetään eteenpäin, kaupunki aukeaa allamme syvässä laaksossa, ja punainen kattotiili kukkii villinä mutkittelevan Vltava-joen rannoilla. Kommunismin aika on säilönyt hyvin tämän menneisyyden saarekkeen, sen pienet kapeat talot. Restaurointia täällä on tehty jo kymmenisen vuotta, Tšekkoslovakian samettivallankumouksesta lähtien.

Syöksytään pyörillä alas rinteiden vilkkaita teitä, ja yritetään löytää reitti Křížový vrch -kukkulan laella häämöttävälle kappelille. Pyhiinvaellusreiteillä ja niihin liittyvillä rakennelmilla on täällä pitkät keskiajalta lähtöisin olevat perinteet, jotka kommunistiaika keskeytti. Český Krumlov on vaikutusvaltaisen yläluokan luoma miljöö. Böömiläinen Rosenbergien ylimys- ja aatelissuku käytti kaupungin kehittämiseen aikaa ja energiaa satojen vuosien ajan. Se mikä heidän valtakaudellaan 1300- ja 1600-luvuilla oli käytännöllinen kaupunki, on nykyihmisen silmin satumainen miljöö. Suvun valta seisoi monella tukijalalla. Omistamistaan laajoista maa-alueista, pelloista ja kaivoksista he pystyivät keräämään veroja ja muita maksuja. Suhteet kuninkaalliseen hoviin ja paikalliseen aatelistoon olivat kunnossa. Etelä-Böömin valtiaat panostivat alueen infrastruktuuriin ja kehitykseen, tukivat taiteita ja kulttuuria, perustivat Krumlovin linnan koulun, sekä keräsivät merkittävän taidekokoelman.

Valta periytyi suvussa isältä pojalle, ja perimyslinjaa pystyttiin jatkamaan pitkään. Kaupungin ja suvun välille syntyi voimakas ylisukupolvinen suhde, joka oli entisaikaan mahtiperheiden aikaan yleinen. Ihmisen lyhyt elinkaari ei rajoittanut kaupunkisuhdetta, vaan suvun visio elämästä jatkui hallitsevana ja kehittyi vuosisadasta toiseen, näkyi täällä kaikessa.

Talojen ja ihmisten elinkaaret ovat eritahtisia, mutta molempien vanhenemisessa on samoja piirteitä. Rakennuksetkin käyvät ikääntyessään raihnaisiksi ja tarvitsevat apua, menettävät kykynsä seurata aikaansa ja oppia uusia kujeita. Muuratut hartiat kallistuvat kohti maata, kunnes seinät rojahtavat elottomina villiintyneille tonteille. Kuolleen talon kyllä tunnistaa, kun sellaisen näkee. Kaupungit ovat sitkeämpiä. Niiden vaivihkainen katoaminen voi kestää vuosisatoja. Turussa meillä on oma Vindobonamme. Entisen pääkaupungin varhaisemmat versiot makaavat metrien paksuisena kerrostumana jalkojen alla saven ja muun maa-aineksen kanssa. Tuhoutuneiden ja purettujen rakennusten näkymättömät kehot kimaltelevat yhä ilmassa ilta-auringossa, jokivarren elinvoimaisilla penkereillä, ja ruokkivat mielikuvitusta. Kadonneilla kaupungeilla on tahto tulla esiin. Pehmeään maankuoreen kätkeytyneet kivijalat ja tiilikellarit raapivat asvalttikansia ja ravitsevat elämäämme, olipa kyseessä sitten Veiksel, Tonava tai Aurajoki.

Löydetään lopulta tie Křížový vrch -kukkulalle, Ristimäelle. Nouseminen ylös polkupyörien kanssa on vaivalloista. Ohitetaan kiemurtelevan tien varrella evankeliumin tapahtumista kertovia pylväitä, otetaan kukkulalla pari valokuvaa, ja nautitaan majoneesipatongit. Kylmä tuuli pyrkii pilaamaan taukohetkemme.

Alhaalta pellolta luoksemme astelee muori, joka sanoo Urdalle iloisesti jotakin ja heilauttaa kättään kohti laaksoa. Emme ymmärrä mitä hän huitoo, mutta asia selviää pian, kun laskeudutaan kukkulalta ja päätetään vielä hieman pidentää reissuamme; taivas repeää rankkasateeseen ja pisarat iskeytyvät neuloina vasten kasvoja.

5.

Tutkitaan ravintoloiden hinnastoja, mutta emme pääse yksimielisyyteen yhdestäkään menusta. Olemme uupuneita ja riitaisia.

Kuusisataa vuotta vanhassa talossa toimiva pieni oluthuone Hospoda Na louži Kájovská-kadulla kiinnostaisi, mutta se on *reserverat*. Siinäpä baari, jossa on aikojen varrella kipattu monta huurteista ja kerrottu tarina, jos toinenkin. Na louži on perinteinen tšekkiläinen ravintola, jonka kaikki matkaoppaat varmasti muistavat mainita. Se on tänään täynnä kaltaisiamme nuoria turisteja. Sisältä raikaa sellainen pulina ja meteli, että luulisi jokaisen paikallisen baaria välttelevän.

Na louži sijaitsee komeassa kulmarakennuksessa, jonka julkisivu koristeltiin goottilaisittain 1500-luvulla. Muodin muuttuessa seinät peitettiin myöhemmin kipsikerroksella, joka poistettiin vasta vuonna 1952. Pubiin saapuva asiakas näkee nyt julkisivussa Pyhän Florianuksen, joka on palomiesten, nuohoojien ja saippuantekijöiden suojelija.

Lähettyvillä joen partaalla muurin kolossa asuu mies. Polku ylös asuinpaikkaan mutkittelee elegantisti pensaiden ja puiden keskeltä, mutta itse asumus on karu. Sisustukseksi mies on asetellut rojun keskelle taitavasti pienen punaisen pöydän.

Kun päivitellään siinä muurikotia, ilmestyy taaksemme suurikokoinen ukko, joka kysyy mistä olemme kotoisin. Kuultuaan suomalaisuudestamme, hän riemastuu. Sitten hän haroo mustia viiksiään ja kertoo viettäneensä aikaa Espanjassa, jossa on tavannut monia maanmiehiämme.

"Konna, roisto", hän sanoo suomeksi ja hymyilee leveästi. Kun emme reagoi, hän jatkaa teatraalisemmin: "Konna, roisto!" Kiitetään ukon kielitaitoa, mutta jatketaan matkaa. Päädytään taas Na loužin ovelle. Kun kurkataan sisään, ohjaa miestarjoilija meidät saman tien pieneen pöytään ulko-oven viereen.

Ravintolan sisätilat on entisöity kahdeksan vuotta sitten 1900-luvun alun asuun. Seinissä on tumma panelointi ja värikkäitä peltisiä tuotekylttejä menneiltä vuosikymmeniltä. Istumapaikkoja on vain kolmisenkymmentä, joten tunnelma on tiivis.

Tarjoilija varoittaa, että pöydän kolmannella tuolilla istuu muuan lady, joka ei ole paikalla saapuessamme. Merkkinä hänestä on vain tyhjä kahvikuppi. Istutaan alas ja tilataan oluet – minä tumman ja Urda vaalean. Kohta pöytään tassuttelee vessasta pieni huivipäinen rouva. Hän on kovin vanha, uurteinen ja kumaraan käpristynyt. Meidät nähdessään hän hymyilee paljastaen mustuneet etuhampaansa ja nyökkää kohteliaasti.

Vanhukselle tuodaan knöödeleitä, jotka ovat vaaleita pullamaisia leipäpaloja lihakastikkeessa. Jenkit ja saksalaiset huutavat ympärillämme pöydissään kuin päiväkodin riiviöt, mutta me kolme vain hymyilemme toisillemme. Englantia vanhus ei ymmärrä, joten kokeillaan saksaa, ja kerrotaan olevamme Suomesta. Lady hymyilee ja nyökkää, näyttää kelpuuttavan meidät seurakseen.

Keskustelu jää vähiin, joten syödään ja myhäillään. Puhutaan Urdan kanssa suomea. Vanhus vilkaisee meitä välillä, kun malttaa irrottaa katseensa ruuasta.

Kun Lady on saanut syötyä, ottaa hän lautasen ryppyisiin käsiinsä ja nuolee pois jokaisen kastikenokareen. Hän vilkaisee lähipöydässä mölyäviä jenkkejä kuin tekisi kanssamme hämäräbisneksiä, virnistelee ja vetäisee taskustaan setelitukun, laskee sitten rahojaan ja nostaa ryppyisen setelin silmiensä eteen nähdäkseen paremmin. Hiljalleen setelinippu kasautuu lautasen viereen pöydälle. Tarjoilijan pyörähtäessä paikalle, ojentaa vanhus tälle setelit ja nousee hitaasti pöydästä. Hyvästellään ja kiitellään seurasta. Avaan Ladylle oven. Ulkonakin vanhus jatkaa hyvästien heilutteluaan.

"Tapasitte paikallisen!" huudahtaa japanilaisnainen läheisestä pöydästä kuin olisimme voittaneet palkinnon. Onnekas sattuma se ehkä onkin, sillä krumlovilaisia, jotka eivät työskentele turismin parissa, on vaikeaa löytää.

Kaupungin muurien sisäpuolella matkaajakin puristetaan saman toimialan muottiin, mutta maksavana osapuolena. Jaossa on vain kapea määrä roolituksia, sillä Český Krumlov on arkkityyppisen turistikokemuksen näyttämö; täällä huomaa esittävänsä samoja kohtauksia ja vuorosanoja kuin kaikki muutkin. Kaupunki tarttuu matkaajan paidankaulukseen ja kiskoo pehmeään oluenhuuruiseen olotilaan, muurien ja tulipesien tuntumaan, huokailemaan terasseille ja joenrantaan, melomaan ja vaeltamaan, syömään romaniravintolaan pihviä, jolla on tarina.

Tarjoilija saapuu paikalle ja tuputtaa lisää kolmen markan hintaista erinomaista olutta. Tuntuu melkein rikolliselta kieltäytyä. Istutaan siinä vielä hyvä tovi, ennen kuin maksetaan laskuun merkittyjen viivojen yhteissumma ja poistutaan ulos sateeseen.

Pihalla köyryselkäinen Lady vielä odottelee taksia sateenvarjo kädessään. Taas vilkutetaan toisillemme, eikä niistä hyvästeistä meinaa tulla loppua. Se tuntuu aidolta ja lämpimältä kokemukselta kaupungin hämärtyvässä illassa.

KESKENERÄISYYDESTÄ

Aamuyöllä itävaltalainen bussimme kulkee kukkuloilla, viinitarhojen maisemissa. Elbe-joen laakso hehkuu nurinpäin käännetyn Saksan lipun väreissä. Maanpinta on aivan musta, ja auringonkajo värjää taivaanrannan eri kerrokset punaiseksi ja keltaiseksi.

Pidämme kovasti bussimatkustamisesta, mutta Berliinin bussissa ei ole itäisen Euroopan villiä ja karheaa tunnelmaa. Moottoritiet ovat viivasuoria, kuljettajat rauhallisia, sääntöjä ja määräyksiä noudatetaan. Kuinka tylsäksi kaikki länsimaissa hiotaankaan! Käytävän toiselta puolelta kuuluu äkkiä iloinen suomalaistervehdys. Kirjaa lukeva nuori nainen, jolla on yllään kansainvälisen ympäristöjärjestö WWF:n teepaita, on kuullut keskustelumme. Hän kertoo kiertäneensä Italiaa yksin. Matkatavaroista ja turvallisuudesta huolehtiminen on ollut uuvuttavaa.

Busseilla nainen kertoo matkustavansa vain poikkeustapauksissa ja suosii junia. Hän on yllättynyt, kun kerromme kiintymyksestämme Itä-Euroopan busseihin. Nainen väittää, että junilla on samat hyvät puolet kuin busseillakin, mutta ne ovat lisäksi nopeampia ja turvallisempia. Kanssamatkustajiin tutustuminenkin on helpompaa.

Hän kertoo lukeneensa lehdestä uutisen liettualaisesta turistibussista, joka alkukesästä koloroi rekan kanssa lähellä Varsovaa. Viisi matkustajaa kuoli ja useita loukkaantui. Puolet bussin vasemmasta kyljestä oli painunut kasaan. "Itseasiassa pelkään busseja", hän tunnustaa. En ole matkallamme juurikaan ajatellut bussimatkaamisen vaaroja. Ehkä se on nuoruuden välinpitämättömyyttä tai silkkaa lapsekasta luottoa hyvään onneen. Toki emme istu koskaan aivan lähelle bussin keulaa, ja kai sekin jonkinlaista varovaisuutta on. Itse olen kokenut huonoiksi puoliksi pitkät odotusajat tulleissa, kehnon sisäilman, ahtauden ja kuumuuden. Tiet ovat kuoppaisia ja istuimet epämukavia, joten nukkuminen on vaikeaa. Hyvät puolet vievät silti voiton. Tunnelma Itä-Euroopan busseissa on karnevalistinen. Ympärillä näkee yhdellä silmäyksellä paljon erilaisia matkaajia ja elämäntilanteita, kuulee puheensorinaa ja keskusteluja. Bussit kulkevat ikiaikaisia reittejä ja tarjoavat näkyvyyden kaikkiin ilmansuuntiin. Matkaaminen on suhteellisen hidasta ja tiukasti kiinni maisemassa. Tienvarret muuttuvat metri metriltä, maailma on maantieteeltään ehjä ja kokonainen, ja näköhavainnot rakentavat karttaa, mittasuhteita ja etäisyyksiä. Tie johtaa merkityksellisestä paikasta toiseen, ja matka muovautuu näin tarinaksi, jolla on looginen kulkunsa.

Myönnän, että junamatkustamisessa on puolensa. Siitä olemme kuitenkin Italiaa kiertäneen naisen kanssa samaa mieltä, että bussiliput ovat hyvin halpoja.

2.

Kun saavutaan Dresdeniin, tienvarsilla vilisee sosialistisen aikakauden betonia. Kaupungin vanha keskusta oli entisaikoina barokkikaunotar, mutta liittoutuneet pudottivat sen ylle neljätuhatta tonnia räjähde- ja palopommeja, jolloin kaikkialle leviävä tulimyrsky nielaisi korttelit. Terminen stressi iski kiviseiniin, jotka halkesivat, lohkesivat ja sulivat. Tulikuuma pätsi loi ilmavirtauksia, imaisi ihmiset ja talot kitaansa, tuhkasi satojen vuosien maallisen ponnistelun kahdessa päivässä.

Kattojen takaa näen pilkahduksen hiilenmustaa tornia. Se saattaa olla Kreuzkirche, kaupungin vanhin kirkko. Tähän Pyhän ristin kirkkoon ja Dresdenin historiaan kytkeytyy sama italialainen Bernardo Bellotto, joka pikkutarkasti tallensi öljyvärein Varsovaa tulevaisuuden rekonstruoijille.

Taidemaalari asui ja työskenteli ennen Varsovaan siirtymistään Dresdenissä, 1700-luvun Saksin pääkaupungissa. Hän toimi hovimaalarina vaaliruhtinas Fredrik August II:lle, joka samalla oli myös Puolan kuningas Augustus III. Hallitsija oli arkkitehtuurin ja taiteen ystävä.

Seitsenvuotisen sodan aikana preussilaiset etenivät Dresdeniin ja moukaroivat tykeillään kaupunkia ja Kreuzkircheä, joka syttyi tuleen ja romahti vuonna 1760. Pystyyn kirkosta jäi vain torni ja siitäkin sortui vielä nelisen vuotta myöhemmin seinä. Romahdus toi esiin tornin sisustan ja sen molemmin puolin kulkevat porraskuilut.

Tämän rauniokirkon viereen Bellotto asetteli maalaustelineensä vuonna 1765 ja ikuisti öljyväreillään tärkeän rakennuksen kovan kohtalon. Syntyi realistinen teos, *Näkymä rauni-*

oituneesta Kreuzkirchestä (Rovine della Kreuzkirche di Dresda), jossa erottuvat valokuvamaisen tarkasti kirkon rauniota purkavat miehet, tornin sisärakenteet ja työskentelyä seuraavat kaupunkilaiset. Bellottolle aihe oli erityinen, sillä joitakin vuosia aiemmin hän oli maalannut samaisen pyhätön täydessä kukoistuksessaan.

Kreuzkirchen raunio on Bellotton maalauksessa väkivaltaisen tuore, terävä reunoiltaan, pikkutarkka ja totuudenmukainen. Se on kuva kirkosta, joka on kokenut tuhon monta kertaa aiemminkin. Kaaoksen keskeltäkin repaleinen kirkontorni kurkottaa kohti taivaita. Rakennusmiesten puuportaat nousevat maanpinnan kivikasalta huipulle, jossa he työskentelevät pelottomasti vaurioituneiden rakenteiden päällä ja hoippuvat kuin teatterikulisseissa. Raunioituneenakin kirkko saattelee heidät lähelle taivasta ja valoa.

Bellotton maalaus on eripuraisen Euroopan vertauskuva. Se kertoo sodan pilaamasta porvarillisesta idyllistä ja esittelee häpäistyn temppelin, jonka ympärillä sileäkylkiset talot edelleen seisovat pääosin ehjinä.

Saksilainen sydän on saanut osuman, mutta silti maalauksesta välittyy voimakkaana kaupunkien vääjäämätön ja työteliäs itseään korjaava arki, sillä uuden kirkon perustuksia valmistellaan jo maalauksen etualalla.

Preussilaisten tekemän tuhotyön jäljiltä Kreuzkircheä rekonstruoitiin lähes kolmenkymmenen vuoden ajan. Kirkko tuhoutui uudelleen pahoin tulipalossa 1800-luvulla ja raunioitui taas toisessa maailmansodassa. Jokaisen vastoinkäymisen jälkeen pyhättö on silti kunnostettu. Tänäkin päivänä se seisoo sitkeästi paikallaan.

Bellotto tuli ikuistaneeksi hävityksen jälkiä kaupungissa, jonka nimestä myöhemmin tuli tuhon synonyymi. Dresdenissä julma historia on läsnä kaikessa rujoudessaan, välivaiheineen ja muisteineen. Saksan jaossa kaupunki jäi Itä-Saksan puolelle, ja kommunistien iloksi kirkot ja palatsit olivat pääosin tuhoutuneet. Tämä helpotti suunnittelijoiden työtä, kun he piirsivät Dresdenille sosialistisen mallikaupungin tulevaisuuden. Kommunistien kaupunkisuunnittelu tähtäsi uuden saksalaisen ihmisen luomiseen. Puolueen aikeet Dresdenissä olivat aluksi kunnianhimoisia, mutta lopulta tavoitteista tingittiin. Saksin pääkaupungin keskustasta rakentui ristiriitainen kudelma sosialismin visiota, sodan rauniota ja rekonstruktiota. Nyt sosialististen rakennusten arvo herättää kaupungissa tunteita ja luo oman aikakerroksensa, jonka fragmenttien säilyttämistä moni pitää tärkeänä.

Nykyajan Bellotto voisi asettaa maalaustelineensä kaupungin Neumarkt-aukiolle, jossa sijaitsee rauniokasa ja mustaksi palanut hiekkakivikaari. Aukiolla sijaitsi ennen sotaa massiivinen Frauenkirche, sekin yksi Dresdenin symboleista. Preussilaisten kuulat eivät tähän kirkkoon 1700-luvulla pystyneet, vaan kimpoilivat kupolista. Liittoutuneiden palopommitusten tuhannen celsius-asteen kuumuus kaksisataa vuotta myöhemmin oli kirkolle liikaa.

Kommunistit jättivät raunion paikoilleen kaupungin keskustaan muistuttamaan sodasta ja länsimaiden pahoista teoista, mutta nyt massiivinen kirkko on päätetty rekonstruoida alkuperäisistä rakennuspiirustuksista. Rauniokivet on lajiteltu, ja kivimiehet käyneet työhönsä. Kahdeksankulmaista barokkikirkkoa nostetaan korkeuksiin kivi kerrallaan.

Raunioilla on läpi aikojen ollut ihailijansa, jotka katsovat, että ajan vaikutusten pitää näkyä rakennuksissa aina katoamiseen saakka. Englantilainen 1800-luvun arkkitehti John Ruskin väitti, että pahin tuho minkä rakennus voi kärsiä, on rekonstruointi, koska siinä hävitetään rakennuksen jäänteetkin.

Dresdenissä rauniot kuitenkin ovat kuin tauti, joka ilmestyy toisinaan kivuliaana kaupungin kiviselle iholle. Dresden toipuu hitaasti ja väkivaltaiset tapahtumat ovat jättäneet pysyviä arpia, joihin ei liity romantiikan häivääkään. Frauenkirchen ja Kreuzkirchen kohtalot kertovat synkkää tarinaa eurooppalaisuuden pimeistä pisteistä. Kirkkoja yhdistää samanlainen kohtalo – ne syntyvät uudelleen. Rekonstruktio johtaa ylösnousemukseen.

3.

Kun yö muuttuu aamuksi, saavutaan Spree-joen laaksossa sijaitsevaan Berliiniin. Kaupunkiin tulo tuntuu siltä kuin pujahtaisi haaksirikkoutuneen avaruusaluksen rungon sisään; torninosturien puomit ojentuvat kehikkona kaupungin yllä, kaikkialla risteilee putkia, kiskoja ja käytäviä, juna-asemat ja repeytyneet talot koristavat tienvarsia.

Majoituspaikkamme on Clubhouse pienellä Kalkscheunenstraßella Itä-Berliinissä, Spree-joen pohjoispuolella. Sen aulassa soi drum&bass, pehmeillä nojatuoleilla norkoilee kansainvälistä nuorisoa, muodikasta väkeä, jolla on mukanaan värikkäitä jättirinkkoja ja potkulautoja. Kierrellään Prenzlauer Bergissä, joka sijaitsee majapaikastamme pohjoiseen. Basaarimaisilla kadunpätkillä on pieniä erikoiskaup-

poja, kahviloita, baareja ja klubeja. Nälkäisille on tarjolla dö-
ner kebabia, turkkilaista börekiä ja lahmacunia, vietnamilai-
sia keittoja ja riisirullia, libanonilaista kasvisruokaa.

Itä-Berliinissä on muualta Itä-Euroopasta tuttu karhea ja
kulmikas tunnelma, vaikka kaikki pukeutuvat hyvin ja polii-
seilla on uudet autot. Katujen varsilla seisoo vieri vieressä
vanhoja kerrostaloja, välissä tyhjiä kortteleita, hiekka-auki-
oita, graffiteja seinissä ja aidoissa.

Lähikaupan kassalla edessämme jonottaa joukko raken-
nusmiehiä, joiden kellertävien haalareiden selkämyksessä lu-
kee *Pécs*. Kaupunki on ulkomaisten rakennusmiesten käsissä.
Muurista on jäljellä enää lyhyitä pätkiä, turistit ovat vieneet
betonipalasia ympäri maailmaa. Jäljelle jääneet muurinpätkät
on raaputettu ja kynsitty matkamuistoiksi niin tarkkaan, ettei
niistä irtoa kivensiruakaan, joten tyydytään napsimaan valo-
kuvia muurien värikkäistä maalauksista.

4.

Kävellään kaupungin läpi idästä länteen, pitkin Tiergartenin
reunaa, kauppakaduille, Zoologischer Gartenin rautatiease-
malle. Länsi- ja Itä-Berliini ovat niin erilaisia, että tuntuu kuin
muuri yhä olisi paikoillaan näkymättömänä. Suuryhtiöiden
pääkonttorit hehkuvat lännessä saksalaisten taloudellista yli-
voimaa, vaikka Commerzbankin ja Deutsche Bankin raken-
nukset näyttävätkin lähinnä jättimäisiltä hautakiviltä. Länsi-
Berliinin kadut tuovat jälleen kerran mieleen Varsovan, sillä
julkisivut eivät täällä aina noudata kadunvarsien linjoja. Mo-
lemmissa kaupungeissa on pommien kyntämille kivipelloille
rakennettujen keskustojen väljyyttä.

Berliinillä on vaikeutensa. Työttömyysaste on nykyään Saksan korkeimpia, köyhiä on paljon, huumeongelma laaja. Kulttuurien kirjo täällä on monipuolinen, mutta kansallisuuksien sekoittuminen ei ole sujunut ongelmitta. Monikulttuurisuus ei silti ole uutta Berliinissä, jonne Ranskasta paenneet hugenotit jo 1600-luvulla toivat ranskalaisen kulttuurin ja kielelliset vaikutteet. Juutalaisia kaupunkiin muutti erityisesti 1800-luvulla, venäläisiä vallankumouksen jälkilöylyissä ja toisen maailmansodan jälkeen. Turkkilaiset gastarbeiterit saapuivat 1960-luvulla tuomaan helpotusta Länsi-Saksan talousihmeen, Wirtschaftswunderin, aiheuttamaan työvoimapulaan.

Syyllisyys toisesta maailmansodasta viipyilee rakennuksissa ja katujen alla, säteilee kaupunkilaisiin, eikä aika tunnu mennyttä kovin äkkiä puhdistavan. Jäljet natseista haluttiin sodan jälkeen Berliinissä nopeasti hävittää, mutta oli vaikeaa päättää mitä nuo jäljet ovat. Monia natsien toteuttamia ja sodasta selvinneitä teräsbetonirakennuksia oli pakko ottaa viranomaiskäyttöön, jotta saatiin toimivaa infrastruktuuria.

Sodan voittajat jakoivat kaupungin ja Berliiniin syntyi kaksi ideologisesti vastakkain olevaa hallintoa. Lännen ja idän nokittelevan kilpajuoksun välikappaleiksi joutuivat ihmisten lisäksi rakennukset. Länsi-Berliiniin pystytettiin moderneja ja näyttäviä pilvenpiirtäjiä, kauppakeskuksia ja hotelleja, joilla viestittiin lännen vaurautta, vapautta ja teknologista kehitystä. Itä-Berliinissä vastattiin haasteeseen rakentamalla valtion hallitsemia asuntoja, tehtaita ja julkisia palveluita, perustarpeita kaupunkilaisille.

Idän teknologista paremmuutta esitteli Alexanderplatzille rakennettu futuristinen televisiotorni, Fernsehturm, jonka keskipilarin päällä kahdensadan metrin korkeudessa komeilee metallinhohtoinen pallo näköalatasanteineen.

Arkkitehtonisena saavutuksena pidettiin myös sosialismin paraatikatu Karl-Marx-Alleeta, entistä Große Frankfurter Straßea, jonka varrelle nousivat ansioituneille työläisille rakennetut sosialismin ihanteiden mukaiset asuintalot.

Merkittävä oli myös Palast der Republik, Tasavallan palatsi. Tämä DDR:n entinen parlamenttirakennus komeilee keskustassa kuparinhohtoisine lasijulkisivuineen, mutta on tällä hetkellä käyttökiellossa asbestiremontin vuoksi.

Paluun menneisyyteen kuviteltiin Berliinissä olevan mahdollinen, kun muuri murtui kymmenisen vuotta sitten. Tuolloin monet ajattelivat, että sota ja kaupungin kahtiajaon kausi pyyhkiytyisivät aikajanalta ja kartalta, mutta kävikin samoin kuin Dresdenissä – hyljeksityt vuodet olivat ehtineet muuttua osaksi kaupungin kehoa ja muistia. Kylmän sodan Berliinistä kehkeytyi lisäksi matkailuvaltti.

Tämän hetken kipuilua on kinastelu Palast der Republikin kohtalosta. Suunnitteilla on parlamenttitalon purkaminen ja korvaaminen kommunistihallinnon samalta tontilta sodan jälkeen hävittämän Hohenzollern-suvun barokkilinnan, Berliner Stadtschlossin, rekonstruktiolla.

Berliiniä on sanottu keskeneräiseksi pääkaupungiksi, jonka historian moni on yrittänyt iskeä poikki ja kääntää mieleisekseen. Yksi tällainen henkilö oli Führer. Kerrotaan ettei Berliini itävaltalaiselle diktaattorille kelvannut, eikä hän pitänyt sen tunnelmasta. Ehkä Berliini oli hänelle liian pohjoissaksalainen.

Führer halusi muokata kaupungista mahtipontisen *Germanian*, jossa kohoaisivat natsien massiiviset palatsit ja virastot.

Tähän suunnitteluun hän hankki yhdessä arkkitehti Albert Speerin kanssa ideoita antiikin Rooman ja Kreikan monumentaalisesta arkkitehtuurista. Heidän päämääränään oli luoda kaupunki, joka kestäisi vuosisatoja ja muistuttaisi imperiumin suuruudesta. Ihailu kohdistui myös raunioihin. Diktaattori tahtoi rakennusten olevan niin jättimäisiä, että ne joskus Saksan valtakunnan tuhouduttua jättäisivät maan päälle Roomaakin mahtavammat rauniot. Speer kehitti tätä raunioiden arkkitehtuuria, jossa rakennuksen suunniteltu elinkaari sisälsi myös myöhemmän rappion.

Yksi tältä pohjalta suunniteltu rakennus oli jättimäinen Volkshalle, kansan halli. Se oli Rooman Pantheonista innoituksensa saanut Führerin konsepti, jonka Speer piirsi valmiiksi suunnitelmaksi. Halli olisi ollut 290 metriä korkea möhkälemäinen kupolikuutio ja niellyt sisäänsä jopa satakahdeksankymmentätuhatta natsitervehdykseen kätensä ojentavaa kansalaista.

Volkshallen oli tarkoitus seistä Germanian keskiössä ja muodostaa sen kova ja julma sydän, kaikkien jumalten koti, mutta suunnitelma ei koskaan toteutunut, koska sotakiireet nielaisivat natsien resurssit. Tuskinpa Berliinin kostea ja soinen maaperäkään olisi valtavia rakennelmia kovin tukevasti kannatellut, kun vaatimattomat preussilaiset linnatkin uppoavat täällä pehmeään maahan.

Utopistisesta Germaniasta jäi lopulta jäljelle vain hiiltynyt ideologia ja pommituksista savuava pohjoissaksalainen Berliini, josta ei ollut Roomaa mahtavammaksi rauniokaupungiksi.

5.

Tiergartenin reunalla muuan kiivastunut autoilija tukkii tien, astuu kadulle ja raivoaa kaistaa varomattomasti vaihtaneelle Volkswagen-kuskille. Pian sama mielipuoli jo tökkii tilannetta rauhoittamaan saapunutta kolmatta miestä kauemmas, ja kaaos on valmis. Sadekuuro yllättää. Päädytään Brandenburgin portin alle suojaan ja seisoskellaan siinä muiden turistien kanssa. Väki hypistelee karttojaan, odottelee levottomana pääsevänsä kokemaan historiallisia väristyksiä. Kokeilen kämmenellä portin kivipintaa, etsin reikiä ja koloja, merkkejä sodasta, sillä jostakin olen lukenut, että kaikkia toisen maailmansodan aikaisia luoteja ei vielä ole kaivettu portin kivistä. Berliinissä on helppoa nähdä mielessään sotajoukot, tuhoutuneiden rakennusten mustat ruodot, kaupungin jakautumisen kuvasto. Kaikki tuo pyörii ajatuksissani joka päivä, kuten Varsovassakin, ja se on omaa mentaalista rauniotani. Luulen, että on annettava mielikuvien uudistua, hengitettävä tätä päivää, berliiniläisten arkea. Moni tällaiseen kaupunkiin ensimmäistä kertaa saapuva luultavasti kokee samoja tuntemuksia, joutuu kalibroimaan ajatuksensa, päivittämään tunkkaiset mielikuvansa.

Sateen hellittäessä suunnataan kohti valtiopäivätalo Reichstagia, jonka kattoa hallitsee nyt upouusi jättimäinen lasikupoli. Rakennuksen etupiha on auki revitty työmaa, jossa lojuu hiekkaa ja rakennustarvikkeita.

Reichstag on Saksan liittopäivien eli Bundestagin istuntotila, entinen keisarillisen Saksan parlamenttirakennus, joka toisen maailmansodan jälkeen lojui pitkään käyttämättömänä ja sen tulevaisuudesta kiisteltiin. Tasavallan palatsin tapaan ongelmana oli maamerkin poliittinen menneisyys. Uuden elämän Reichstag sai tällä vuosikymmenellä, kun se muutettiin "kunnioittamaan demokratiaa". Julkisivut ja keskeiset elementit on säilytetty, mutta katon uusi lasikupoli symboloi avoimuutta. Urda pysäytetään rakennuksen turvatarkastuksessa. Vartija penkoo hänen reppuaan, huomaa sen pohjalla monitoimiveitsemme ja osoittaa minua sormella merkiksi siitä, että kanssarikollisen on syytä kaivaa ase esiin. Ojennan sen hänelle ja saan mennä, mutta Urdan tutkiminen jatkuu, syynä hänen sinnikkäästi hälyttävä selkänsä. Mies liikuttelee laitettaan pitkin Urdan paidanhelmaa, mutta asia ei selviä, joten vartijat ohjaavat hänet sivuovesta takahuoneeseen.

Odottelen hetken, mutta menen lopulta kävelylle ylös lasikupoliin, ihailen rakennusnosturien metsikköä kaupungin yllä. Kupolin korkeus tosin on liikaa, joten en pääse huipulle asti.

Kun laskeudun alas aulaan, ei Urdaa näy. Kohtaan vartijan, jota en ole vielä tavannut. Yritän kysyä häneltä saksaksi missä tyttö on, mutta tämä ei ymmärrä asiaani, puistelee vain päätään: "Ei mitään naista, ei täällä, ei sinulle tänään. "

6.

Sataa hieman ja se tuntuu hienolta. Kosteus avaa maan huokoset, saa kaupungin erilaiset kerrostumat tuoksumaan ilmassa, koskettelemaan aisteja. Näkymätön menneisyys on vahvasti läsnä, entisaikojen tarinat nukkuvat syvällä katujen alla mukulakivet rinnassaan.

Nähdään keskikaupungilla useita keskeneräisiä rakennushankkeita. Torninosturit liikkuvat majesteetillisen hitaasti katujen yllä korkeuksissaan, niiden metallirakenteet kitisevät talojen välissä, kraanojen varjot lipuvat pitkin seiniä kuin jättiläislinnut, elementtilevyt nousevat korkeuksiin. Työmaat ja betonipaaluja maahan junttaavat koneet kiinnostavat turisteja. He seisovat rakennusmaiden äärellä, valokuvaavat valtavia esittelytauluja, joissa kerrotaan tulevaisuudessa valmistuvista rakennuksista. Yksi tällainen kohde on sodassa tuhoutunut Berliinin arkkitehtuurikoulu, Bauakademie, jonka paikalla on tyhjä nurmitontti Unter den Lindenillä. Neoklassistisen punatiilirakennuksen alkuperäiset piirustukset ovat säilyneet, joten sen tarkka rekonstruointi olisi mahdollinen, vaikka asiasta ei vielä ole tehty päätöstä.

Berliini on kuin valtava kaupunkihistorian synnytyssairaala, jossa ponnistetaan kivitaloja kaduille ja todistetaan entisaikojen loistokkaiden palatsien toista tulemista.

Astellaan kohti Potsdamer Platzia, jonka erottaa jo kaukaa torninosturien keltaisena metsikkönä. Lähempänä nähdään hiekkaa pöllyävällä alueella työmiehiä ja kaivantoja, törröttäviä teräspalkkeja, parakkeja ja kuormureita.

Valtava aukio on nyt Berliinin suunnittelun keskiössä. Sotien välisenä aikana se oli kaupungin elämää kuhiseva keskus, jonka historia pyyhkäistiin pois pommitusten tulimyrskyissä. Saksan jakautumisen jälkeen Potsdamer Platz jäi Berliinin muurin halkomaksi joutomaaksi, kuoleman vyöhykkeelle. Tuolloin purettiin loput jäljellä olleet rakennukset ja rakenteet.

Nyt korttelit ovat palaamassa takaisin ja kaupungin kuollut sydän voi alkaa taas iskemään lyöntejään, kuten Berliinin pormestari Eberhard Diepgen asian muotoili. Rakennustyömaan keskellä Leipziger Platzilla seisoo teräsjalasten päällä häikäisevän punainen paviljonki, *Info Box*. Se on pystytetty alueen suunnittelua esitteleväksi väliaikaiseksi tiedotuskeskukseksi ja näyttelyksi muutama vuosi sitten. Sen kulmauksissa on korkeita ikkunoita, joista vierailijat voivat seurata miten Euroopan suurin rakennusprojekti etenee eri ilmansuunnissa.

Näyttely kertoo alueen raivaamisesta ja valmistelusta, syntyvästä uudesta "eine neue mittestä", kaupungin yhteen liimaavasta keskustasta, jonka myötä menneisyydelle heitetään täällä lopulliset hyvästit; pikkuporvarillinen *Gemütlichkeit* tai *Goldene Zwanziger*, vanhoista mustavalkokuvista tuttu kultainen kaksikymmentäluku, eivät tänne enää palaa. Näyttelyn pienoismallit esittelevät jättömaalle nousevia moderneja liikerakennuksia, pilvenpiirtäjiä ja uuden rautatieaseman. Daimlerin ja Sonyn kaltaiset jättiläiset rahoittavat ja hallitsevat Potsdamer Platzille nousevia kortteleita.

Berliini on vimmainen työmaa. Porakoneet jyrisevät, maalia ruiskutetaan uusille pinnoille. Rakennustyömaat ovat kaupungin äänimaailma. Sodasta selvinneet rakennukset venyttelevät uuden arkkitehtuurin keskellä, kamppailevat kaupungin horisontin hallinnasta. Paikoitellen rakenteet yhdistyvät ja syntyy jännittäviä rajapintoja, jotain ainutlaatuista.

7.

Syödään aamiainen parikymppisten surffipummien joukossa Clubhousella. Tankataan huolella kahvia ja lähdetään etsimään Taidetalo Tachelesia Oranienburger strasselta. Taidetalo on valtavin muraalein koristeltu 1900-luvun alussa rakennettu entinen tavaratalo, alkuperäiseltä nimeltään Friedrichstraßenpassage, jonka viranomaiset halusivat purkaa 1980-luvulla. Berliinin muurin sorruttua *Künstlerinitative Tacheles* -taiteilijaryhmä valtasi rakennuksen ja esti täystuhon. Rapistuneiden seinien sisälle perustettiin kulttuurikeskus, ja valtaajat kävivät keskusteluja viranomaisten kanssa rakennuksen säästämisestä. Talo sai historiallisen maamerkin statuksen vuonna 1992. Purkajat olivat kuitenkin ehtineet jo tätä ennen aloittaa työnsä ja sisäpihan puoleinen seinä oli kaadettu pois. Siksi Tacheles on nyt kuin valtava nukketalo.

Rakennuksen omistava yhtiö on tehnyt taiteilijoiden kanssa kymmenen vuoden vuokrasopimuksen, joten taidetoiminta voi toistaiseksi jatkua. Taiteilijat ovat ottaneet haltuunsa myös rakennuksen takana leviävän joutomaan, jossa on nähtävillä taideinstallaatioita, metalliteoksia, maalauksia ja muita taideprojekteja.

Takapihalle pääsee talon alta kulkevan kaarikäytävän läpi. Tulijaa tervehtii romusta hitsattujen taideteosten lisäksi metallikyltti, jossa lukee *Volksbühne*, kansanteatteri. Kyltti viittaa Berliinin Freie Volksbühne -liikkeeseen ja siitä syntyneeseen Rosa-Luxemburg-Platzilla toimivaan historialliseen teatteriin, joka on tunnettu kokeilevasta asenteestaan ja vasemmistolaisuudestaan. Teatterin alkuperäinen motto oli *Die Kunst dem Volke – taide kansalle.* Tachelesissa toteutetaan samaa filosofiaa, ylläpidetään kaikille avointa taiteen ja kulttuurin tilaa. Syvemmältä korttelin sisältä löytyy terassi. Istutaan alas, tilataan oluet ja tähyillään seiniin maalattuja muraaleja. Pöytien yllä palaa värillisiä hehkulamppuja, lohen tuoksu leviää savustuskopilta makeana, tuo mieleen havumetsän ja savusaunan. Mielleyhtymä ei ehkä ole koti-ikävää, mutta jonkinlainen kytkös kotimaan ja saksalaisen takapihan välillä. Urda näyttää nauttivan olostaan, eikä enää huolehdi saunavuorosta. Ei ole tarvetta, sillä aikataulu pitää, ehdimme kyllä. Huomenna lähtisimme kohti Rostockia ja suomalaista rahtilaivaa, joka seilaa Helsinkiin lauantaiksi.

Tachelesissa ollaan kaupunkikehityksen epäjatkuvuuskohdassa. Luova toiminta on ottanut käyttöön halkeaman porvarillisen kaupungin kiiltäväpintaisessa kehossa, jossa jokainen metri muutoin on tarkkaan suunniteltu jouduttamaan kuluttajia kohti bruttokansantuotteen kasvattamista.

Helsingistä Tachelesin vertailukohdaksi sopivat 1899 rakennetut punatiiliset VR:n makasiinit, joiden monipuolinen käyttö kertoo kaupunkikehityksen välimaastoon jääneestä kulttuurisesti ravinteikkaasta kaistaleesta muutoin keskinkertaiseksi taputellussa pääkaupungissa. Tuntuu uskomattomalta, että kävelijää bulkkikuluttajana kohtelevien pääkatujen takaa joutomaalta voi löytää upottavan kohdan, jossa kaupunkiin voi telakoitua merkityksellisellä tavalla, tuntea olevansa perillä. Itä-Berliini voittaa tällä saralla Helsingin, sillä VR:n makasiinien kaltaisia paikkoja on paljon.

Moni viehättyy kaupunkiin juuri siellä, missä se on huolimaton, vanhentunut, vinoon kallistunut. Sellainen jättää tilaa toiminnalle, jota valmiit sapluunat eivät pilaa. Korttelien sotkuiset tontit rähjäisine rakennuksineen ovat ajankulun ainutlaatuista designia. Ne antavat urbaanielämän pulssille lepohetken iskujen välissä. Berliini tarttuu ihmiseen, antaa hajun ja maun. Se muuttaa ajattelua, tuntee tulen totuuden, opettaa kiittämään ja olemaan kiitollinen. Berliini on Euroopan rehellinen peili, puutteineen ja ylenpalttisuuksineen. Vaikka kaupungin korttelien huokoisuus ja underground-kulttuuri tuntuvat väliaikaisilta, on Berliini juuri nyt täynnä elinvoimaa.

Kaupunki etenee varovasti askeltaen, tunnustellen jokaista vastaan tulevaa kivenmurikkaa ja seinää, jottei kompastuisi. Rakennuksia täällä on rekonstruoitava varovasti, niiden on oltava avoimia ja kommunikoivia ajassa ja tilassa. Preussilaiset linnat saavat kohottautua kohti valoa, mutta vain nöyrästi, ja niiden tulee muistaa rauhanomainen velvollisuutensa ihmiskuntaa kohtaan.

Kun katselee Itä-Berliiniä ja sen asukkaita, ymmärtää miksi jotkut puhuvat raunioista lämpimästi. Joskus menneen on hyvä hiljalleen kadota, vaipua unohduksiin. Jäljelle jäävät vain kivilohkareet ja katkenneet pylväät, joihin voi nojata ilman ennakkoluuloja tai historian painolastia.

Kaupunkilaiset ovat luoneet täällä suhteen merkityksistä puhdistuneisiin rakennuksiin, vallanneet tyhjät tontit ja autiotalot. Graffitikuviot nousevat seinillä, kiemurtelevat köynnösten tavoin ylös murtuneita rakenteita ja painuvat uurteisiin.

Berliini on valtava taideteos, joka muotoutuu päivä päivältä. Keskeneräisyys saa täällä erityisen merkityksen. On turvallista elää keskellä ikuista muutosprosessia, kun ei tarvitse vielä tietää mitä Berliinistä ja Euroopasta lopulta tulee.

Miljoonakaupungissa on rosoista kosketuspintaa, johon jännittävät ilmiöt voivat vapaasti syntyä, uusi aika lujasti tarttua. Keskeneräisyys on se upottava maaperä, johon uusien ideoiden näkymättömät paalutukset isketään.

Lähdeaineistoa

Bellotto, B. (1765). Rovine della Kreuzkirche di Dresda. Näkymä raunioituneesta Kreuzkirchestä. Öljyvärimaalaus.

Ghisleni, C. (2022). Fascination and Repulsion for the Aesthetics of Abandonment. ArchDaily: www.archdaily.com

Goebel, R. (2003). Berlin's Architectural Citations: Reconstruction, Simulation, and the Problem of Historical Authenticity. Cambridge University Press: jstor.org/stable/1261464

Kozlova, K. (2022). Please Don't Stop: How Berlin Started the Reconstruction and Has Never Finished. Bird in Flight: birdinflight.com

Kozlova, K. (2022). 'Reconstruction of Dresden is Fake': An Architectural Historian on How Not to Rebuild the Historic City Centres. Bird in Flight: birdinflight.com

Ladd, B. (2005). 5 Double Restoration: Rebuilding Berlin after 1945. Artikkeli teoksessa: The Resilient City: How Modern Cities Recover from Disaster: doi.org/10.1093/oso/9780195175844.003.0011

Lubbock, Tom 2006: Bellotto, Bernardo: The Ruins of the Old Kreuzkirche in Dresden. The Independent: www.independent.co.uk

McCouat, P. (2015). Bernardo Bellotto and the Reconstruction of Warsaw. Journal of Art in Society: www.artinsociety.com

Mumford, L. (1971). Technics and Human Development: The Myth of the Machine, Vol. I. Houghton Mifflin.

Muñoz-Vera, G. (2012). Ruskin and the Ruins: the Stain of Time in Architecture: gonzalomunozvera.com

Paletta, A. (2020). This European Old Town Is Fake—but Full of Secrets. Daily Beast: www.thedailybeast.com

Schmaling, S. Masked nostalgia, chic regression: The "critical" reconstruction of Berlin. Harward Design Magazine: www.harvarddesignmagazine.org

Schreiber, M. Dealing with the Socialist Past: The Case of the Kulturpalast in Dresden, Germany: www.platformspace.net

Siedler, W. (1963). The Building and Rebuilding of Berlin. Atlantic Magazine: www.theatlantic.com/magazine

Tölle, A. (2010). Urban identity policies in Berlin: From critical reconstruction to reconstructing the Wall. Cities: doi.org/10.1016/j.cities.2010.04.005

Woods, L. (2011). War and Architecture: Three Principles. Blogi: lebbeuswoods.wordpress.com